死ぬくらいなら会社辞めればができない理由《ワケ》

精神科医
ゆうきゆう
監修・執筆協力
汐街コナ 著

あさ出版

働きすぎてうっかり自殺しかけました。

しかも、そんな気《死ぬつもり》なかったのに。

当時は残業
90〜100時間
社内ではダントツに少ない
毎晩走って終電に飛び乗っていた
ぜー
ぜー
よしゃ今日も間に合った
「死にたい」なんて思ったことはなかった
でも――
!!
人気のない地下鉄の駅でふと気づいた
「今一歩踏み出せば明日は会社に行かなくていい」
ズギャァーン
!!!

一歩
たった一歩
それだけで
明日は会社に行かなくていい!?
フォオオオオオオオオオオオ!!!
それは素晴らしいアイデアに思えました
一歩
この一歩
ドキドキ
たったそれだけで
ドキ
もう…
ドミ
ぷしゅ

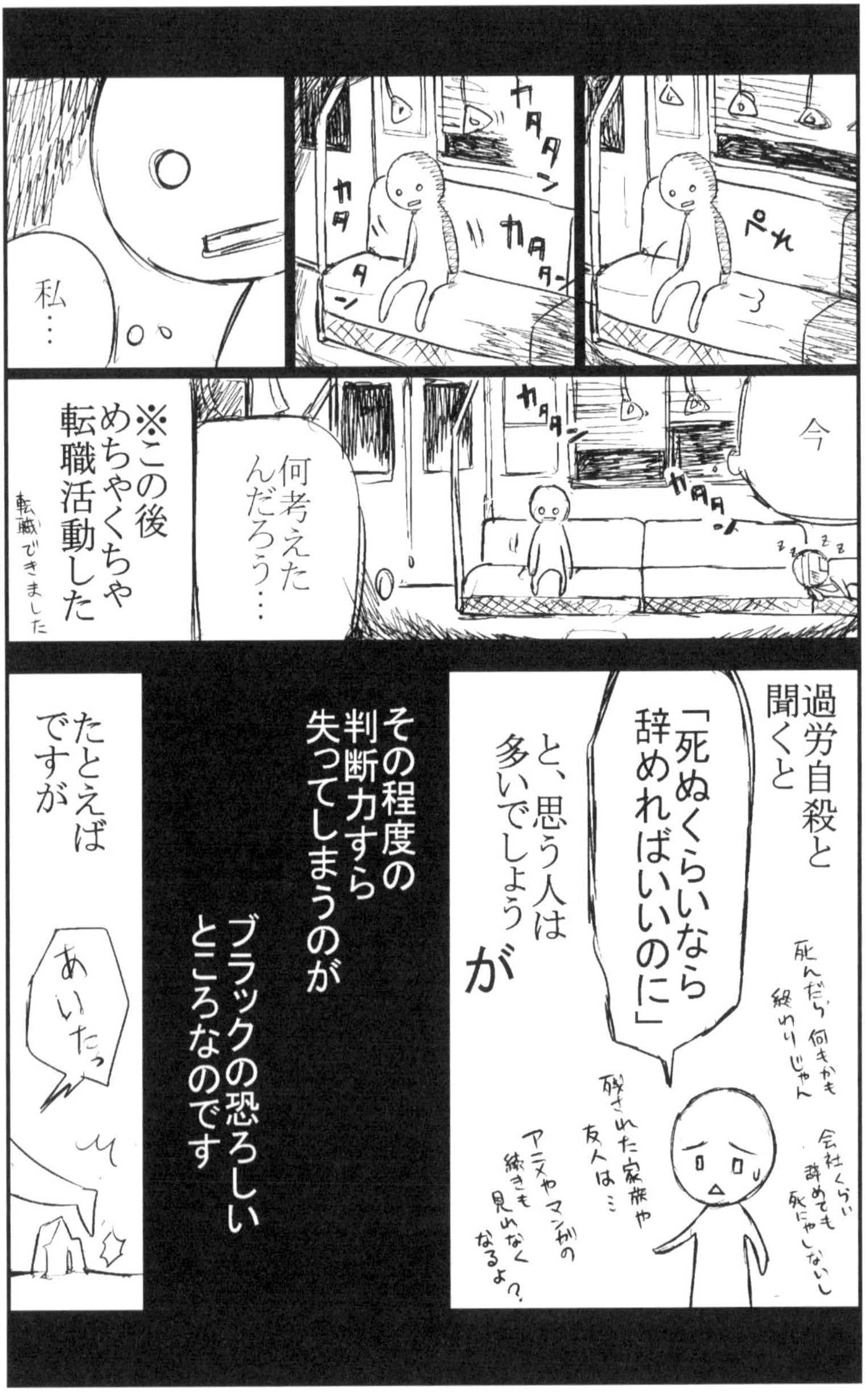
カタタン
カタタン
カタタン
私…
今
カタタン
カタタン
何考えたんだろう…
※この後めちゃくちゃ転職活動した
転職できました
過労自殺と聞くと
「死ぬくらいなら辞めればいいのに」
と、思う人は多いでしょう
が
死んだら何もかも終わりじゃん
会社くらい辞めても死にゃしないし
残された家族や友人は…
アニメやマンガの続きも見れなくなるよ?
その程度の判断力すら失ってしまうのが
ブラックの恐ろしいところなのです
たとえばですが
あいたっ

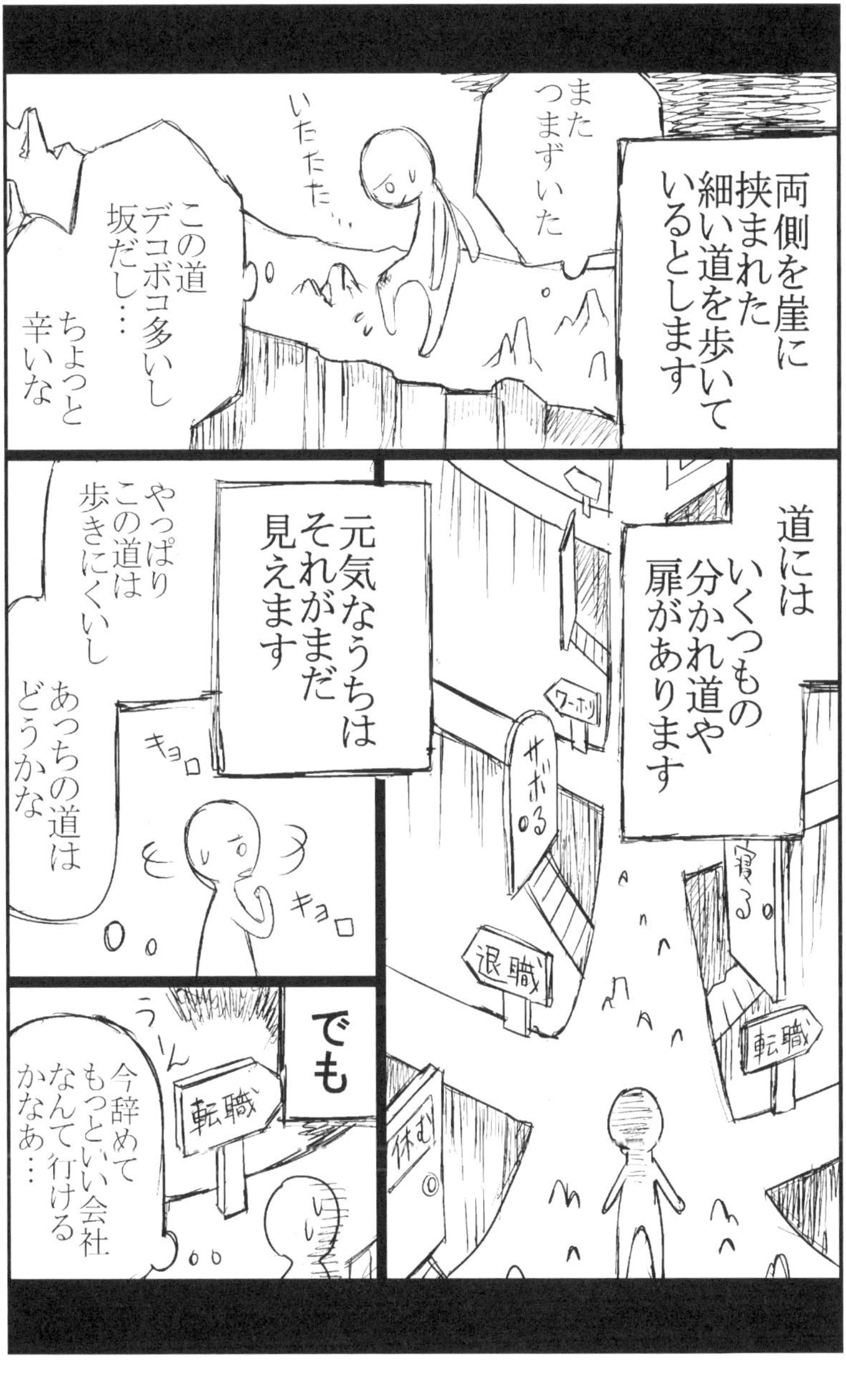

両側を崖に挟まれた細い道を歩いているとします
またつまずいた
いたたた…
この道デコボコ多いし坂だし…
ちょっと辛いな
道にはいくつもの分かれ道や扉があります
ワーホリ
サボる
寝る
退職
転職
休む
元気なうちはそれがまだ見えます
やっぱりこの道は歩きにくいし
あっちの道はどうかな
キョロ
キョロ
でも
うーん
転職
今辞めてもっといい会社なんて行けるかなあ…

真面目な人ほど
その道や扉を
塗りつぶして
しまいます
転職先が
見つからなか
親に心配
かけたく
ない
先輩や同僚は
もっとがんばって
こんなに忙し
休めるわけが
家賃に
光熱費
携帯代
食費…
奨学金返済
どうしてあるんだ
会社の皆に
こんなの
甘えだ
ムリムリ
あんなに苦労
就活して必死
内定とったのに
途中で投げ出
一生後悔する
今さえ乗り切
なんとかなら
もっと辛い
人はいくら
でもいる
まだ大丈夫
もう少し
がんばれる
何度も
何度も
繰り返し
丁寧に
そうこうする
うちにも
長時間労働は
思考力を奪い
視界を暗くし
もう少し
痛い…
痛い…
進まなきゃ
ハラスメントは
傷になって
痛み続ける
何度も
塗りつぶした
道や扉は
もう見えず
進まなきゃ
ムリ…
大切な人の
声も届かず
とにかく
ムリ…
進まないと
壊れたように
歩くことしか
考えられ
なくなり

ガクーン
気がつかない
うちに
進まなき
その人の
視界は
こんなことに
なっています
アレ……
…コレ…
どうやって
登るんだっけ…

右も左も
真っ暗
何も
見えない
聞こえない…
痛い…
もう歩けない…
でも
進まなき
…でも
もう
ムリ
グ
ラ

このように、
「まだ大丈夫」なうちに判断しないと、
判断そのものができなくなるのです。

今、これを読んでいるあなたは「まだ大丈夫」です。
判断ができます。
この本は未来のあなたや、あなたの大切な人の
「まだ大丈夫」が
「もう、無理……」
にならないために書きました。

今、忙しくて本を読むヒマがないという人も、
「自分には関係ないな」と思って
この本を閉じようとしている人も、
もし今後、
「ヤバイな」と思ったら、
これだけは忘れないでほしい。

広いんです

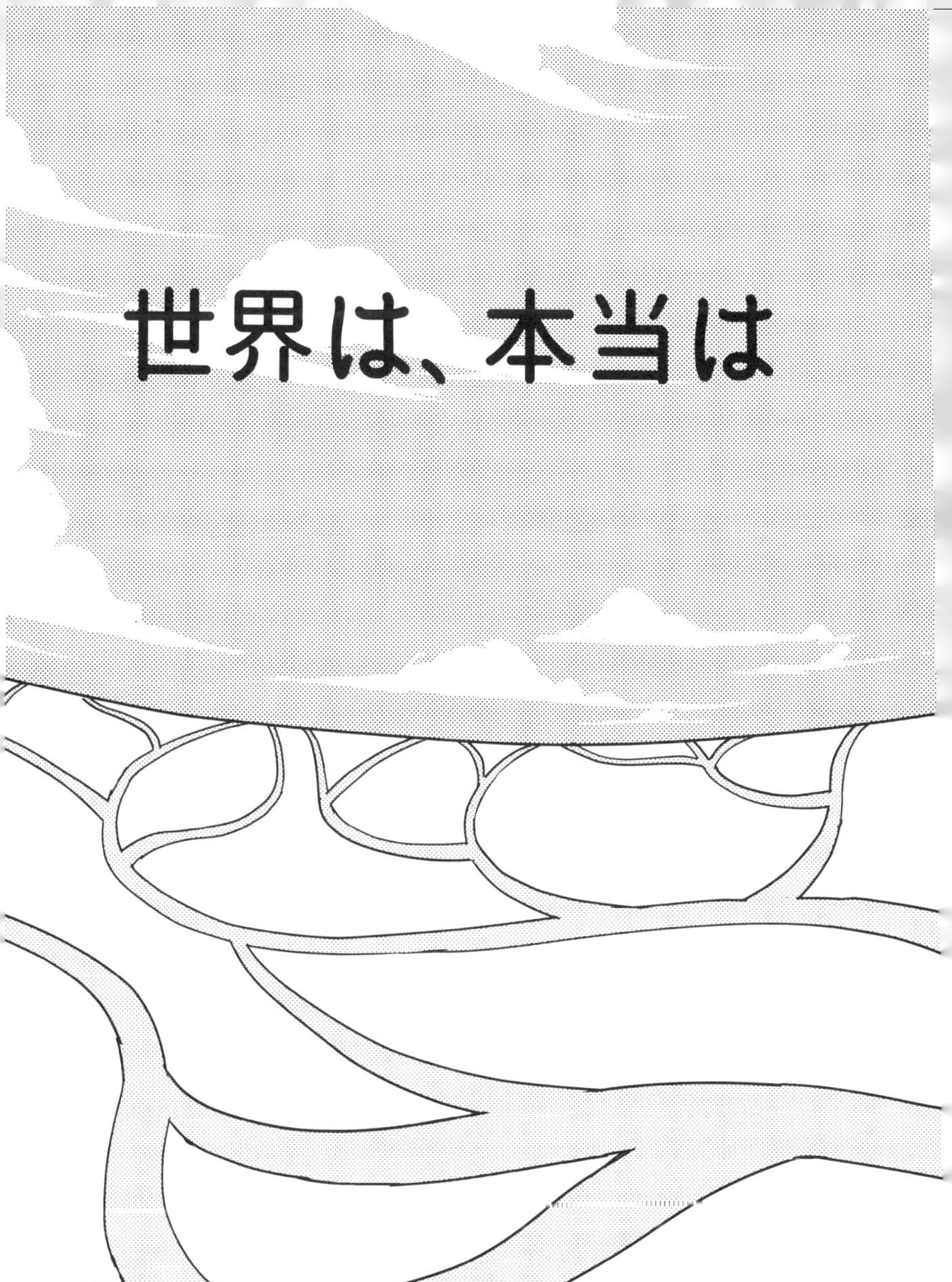
世界は、本当は

おしえて！ ゆうき先生Q＆A

第1章

なんで死ぬまでがんばりすぎちゃうの？

なんでがんばりすぎちゃうの？

私の話をいたします
そもそもなんで
うっかり電車に飛び込んで自殺しそうになるまで働いていたのかというと
理由はいろいろありましたが結局のところ、
「まだ大丈夫だと思ってた」
コレに尽きると思います
自分は大丈夫！
周囲も深夜残業しまくっていたので「そーゆーもん」だと思っていましたし
深夜
カチカチ
カチカチ
おさき
でーす
少しめまいや吐気するけど
休むほどでは…
軽い体調不良はありました
決定的な体調の異変もなかった
「死にたい」なんて思春期ですら一度も思ったことはなく
自殺する人の気持ちさっぱりわからん
死んで何になるの？
過労で死ぬ可能性なんて考えもしなかった

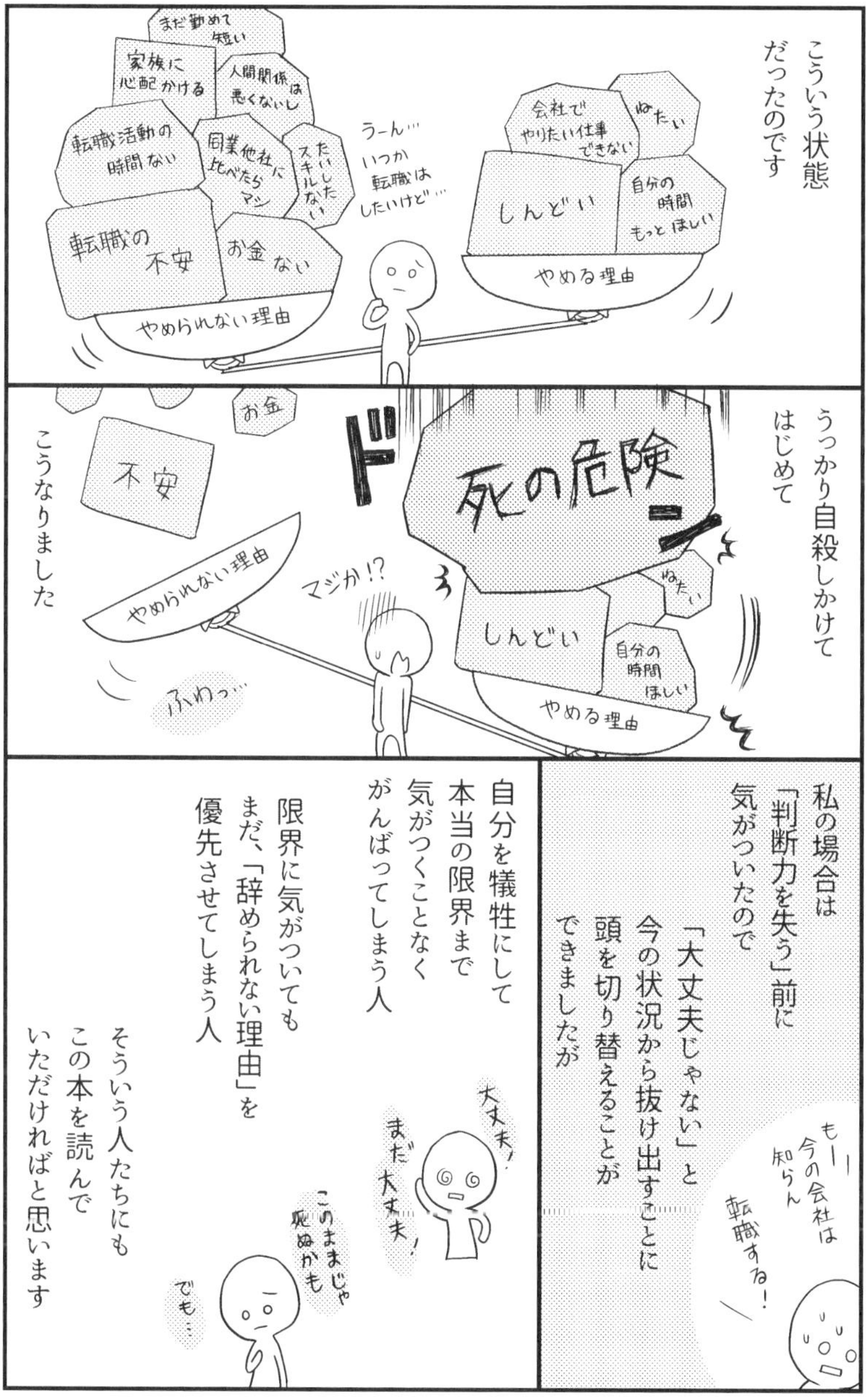

こういう状態だったのです
ぬたい
会社でやりたい仕事できない
しんどい
自分の時間もっとほしい
やめる理由
うーん…いつか転職はしたいけど…
まだ勤めて短い
家族に心配かける
人間関係は悪くないし
転職活動の時間ない
同業他社に比べたらマシ
たいしたスキルない
転職の不安
お金ない
やめられない理由
うっかり自殺しかけてはじめて
死の危険
ドン
ぬたい
しんどい
自分の時間ほしい
やめる理由
マジか!?
お金
不安
こうなりました
やめられない理由
ふわっ…
私の場合は「判断力を失う」前に気がついたので
「大丈夫じゃない」と今の状況から抜け出すことに頭を切り替えることができましたが
もーー今の会社は知らん
転職する!
自分を犠牲にして本当の限界まで気がつくことなくがんばってしまう人
限界に気がついてもまだ、「辞められない理由」を優先させてしまう人
そういう人たちにもこの本を読んでいただければと思います
大丈夫!
まだ大丈夫!
このままじゃ死ぬかも
でも…

ヒトには個体差がある

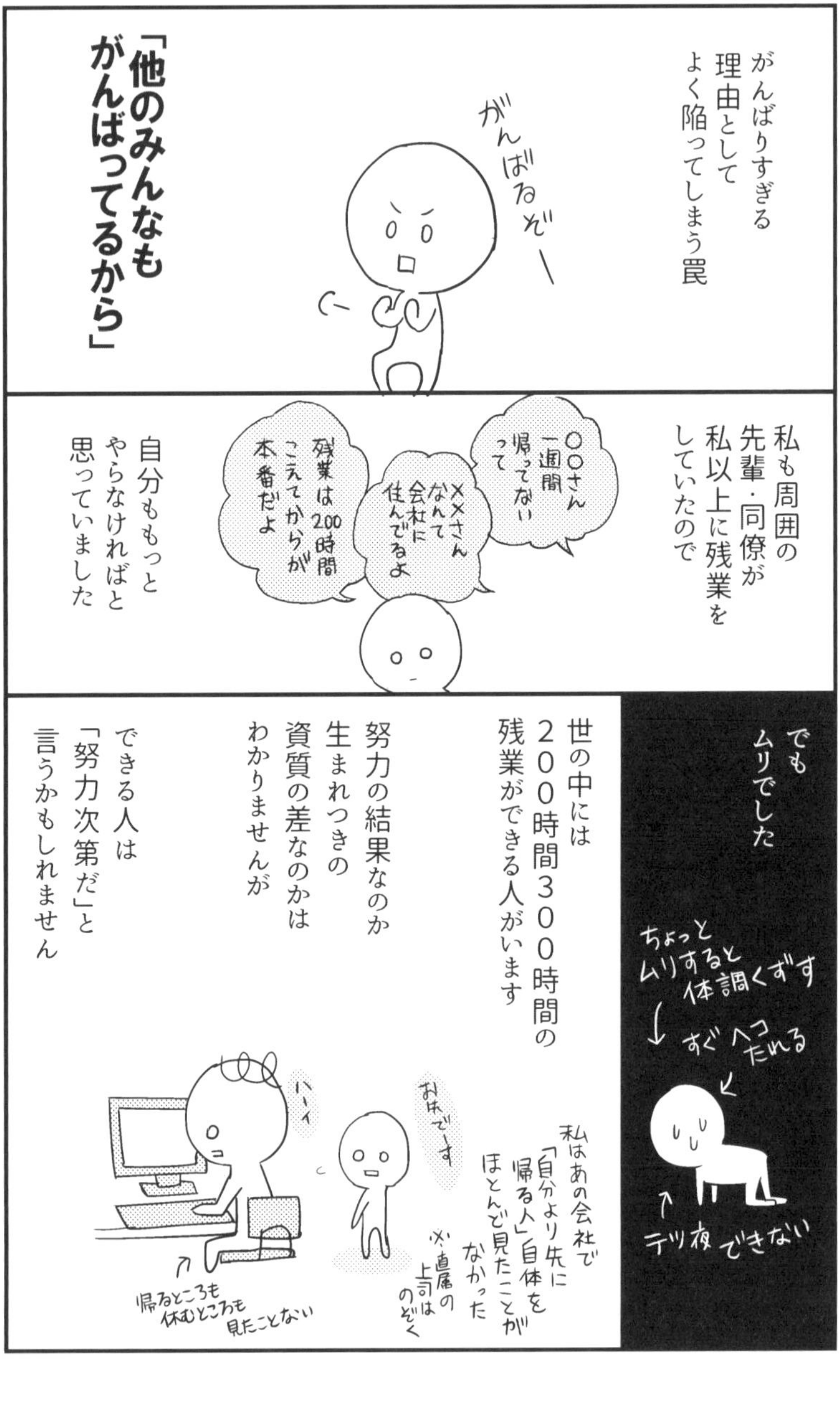
がんばりすぎる理由としてよく陥ってしまう罠
がんばるぞ〜
「他のみんながんばってるから」
私も周囲の先輩・同僚が私以上に残業をしていたので
○○さん一週間帰ってないって
××さんなんて会社に住んでるよ
残業は200時間こえてからが本番だよ
自分ももっとやらなければと思っていました
でもムリでした
ちょっとムリすると体調くずす
すぐヘコたれる
テツ夜できない
世の中には200時間300時間の残業ができる人がいます
努力の結果なのか生まれつきの資質の差なのかはわかりませんが
できる人は「努力次第だ」と言うかもしれません
私はあの会社で「自分より先に帰る人」自体をほとんど見たことがなかった
※直属の上司はのぞく
お先でーす
ハーイ
帰るところも休むところも見たことない

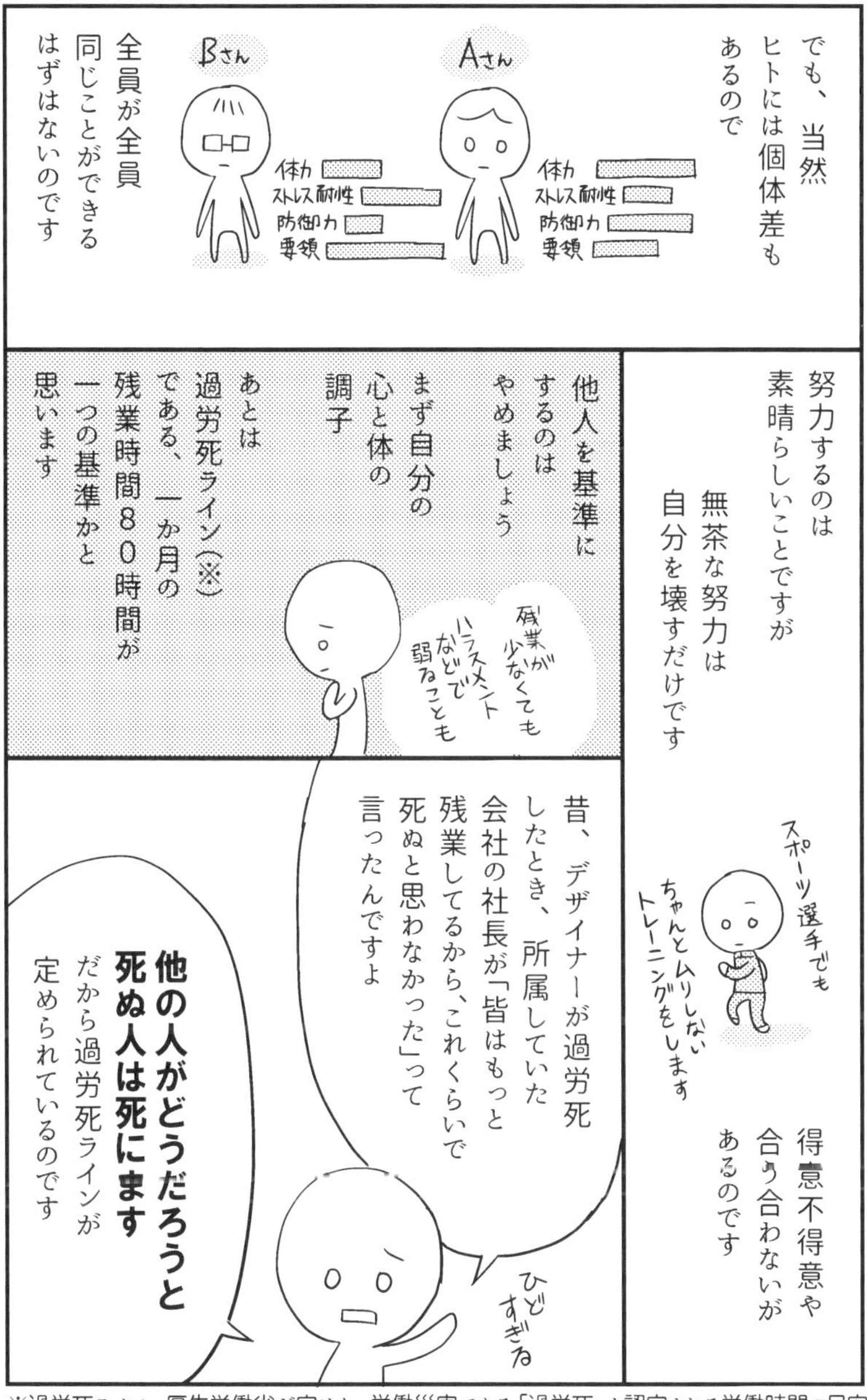

※過労死ライン…厚生労働省が定めた、労働災害である「過労死」と認定される労働時間の目安

「できない」のはがんばっていないから？

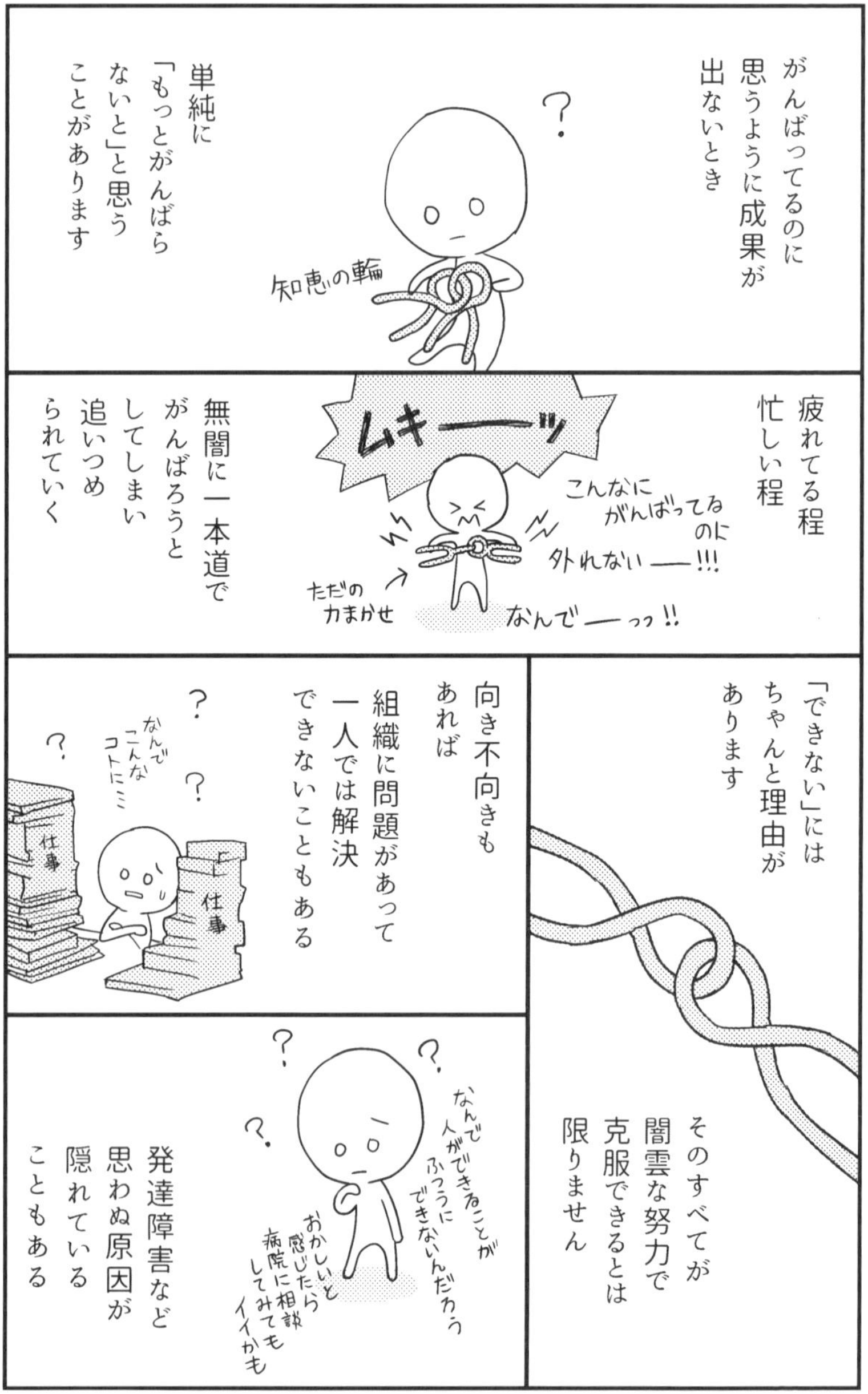

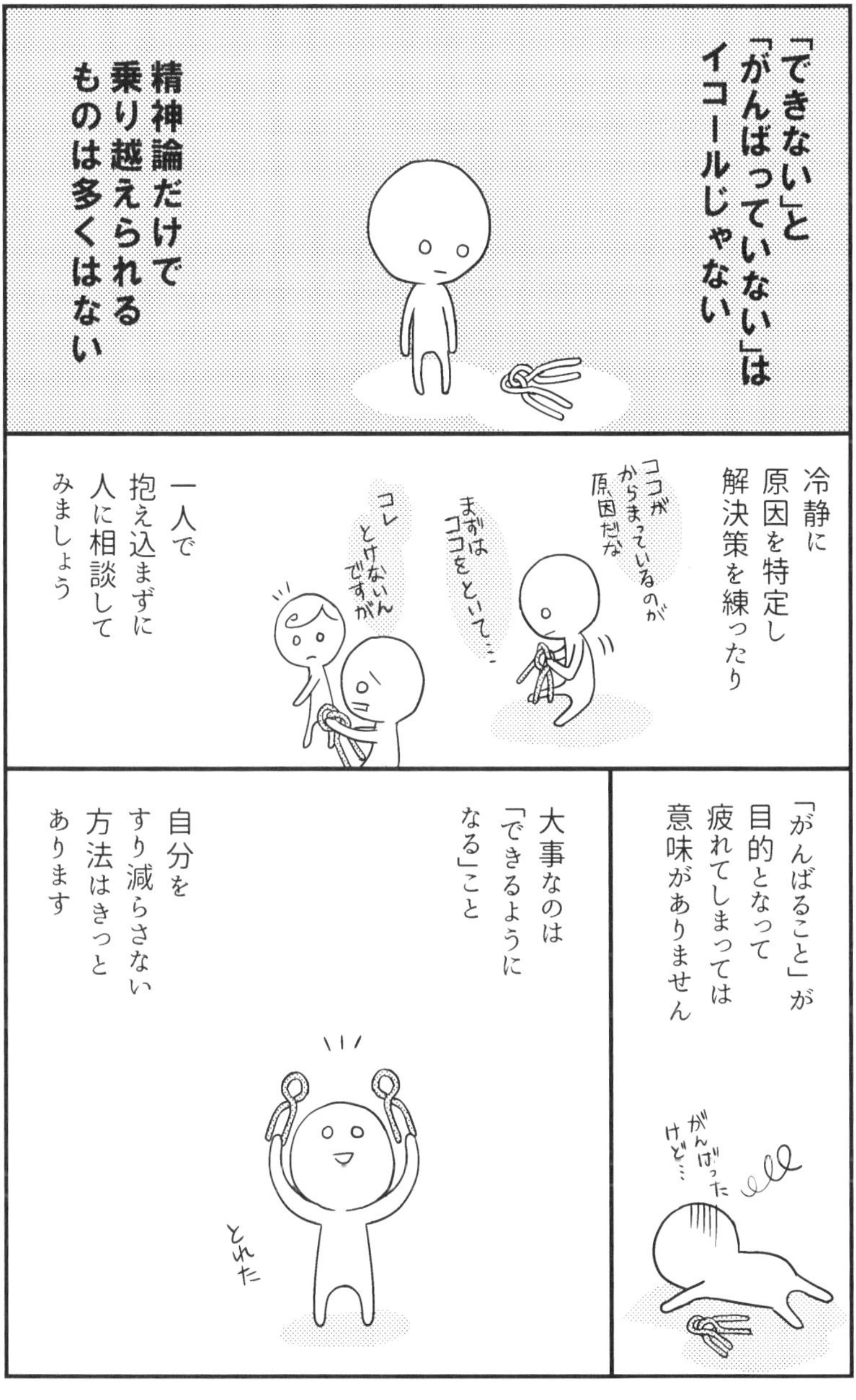
「できない」と「がんばっていない」はイコールじゃない
精神論だけで乗り越えられるものは多くはない
冷静に原因を特定し解決策を練ったり
ココがからまっているのが原因だな
まずはココをといて…
コレとけないんですが
一人で抱え込まずに人に相談してみましょう
「がんばること」が目的となって疲れてしまっては意味がありません
がんばったけど…
大事なのは「できるようになる」こと
自分をすり減らさない方法はきっとあります
とれた

「がんばる」の道

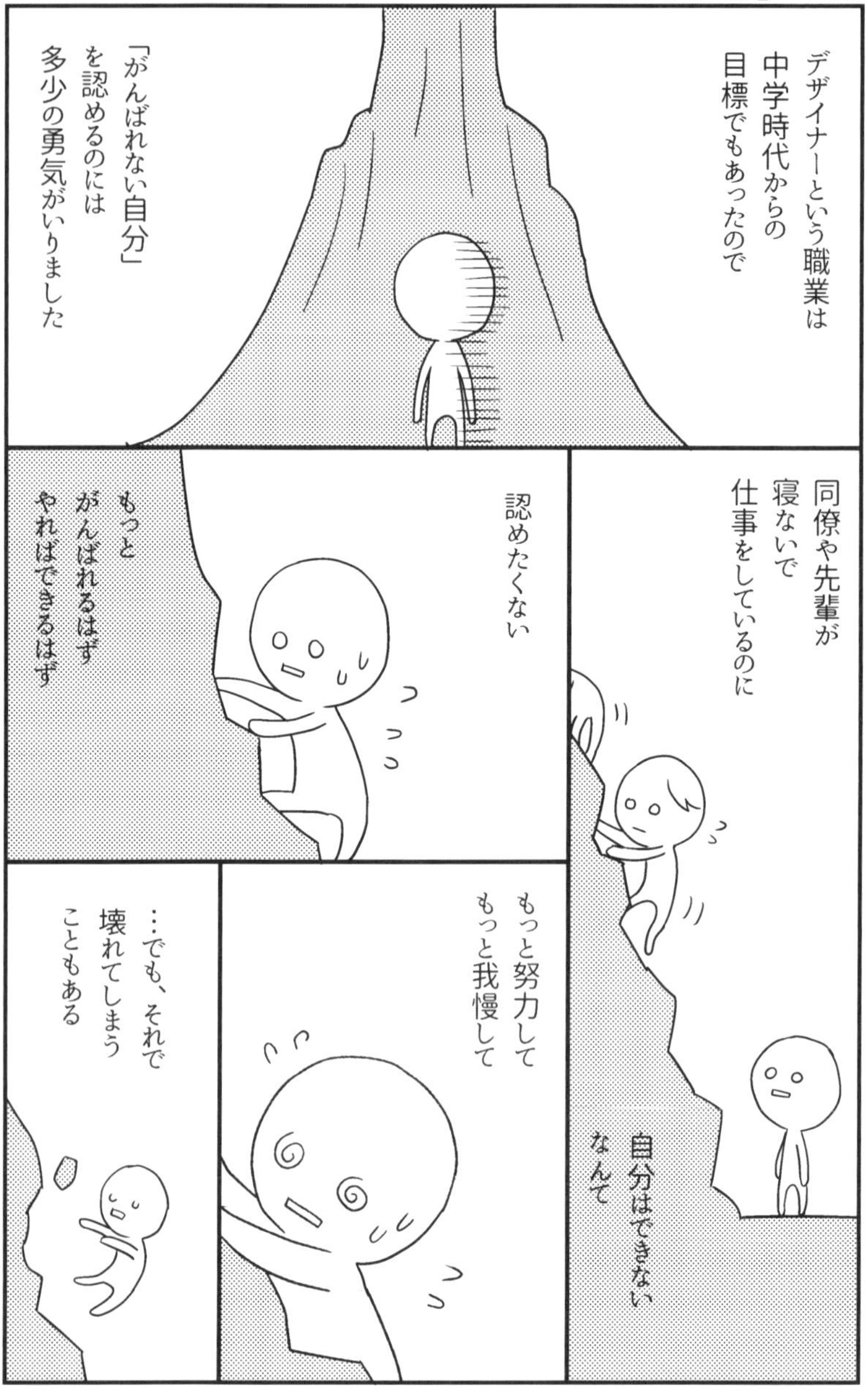

デザイナーという職業は
中学時代からの
目標でもあったので
「がんばれない自分」
を認めるのには
多少の勇気がいりました
同僚や先輩が
寝ないで
仕事をしているのに
認めたくない
もっと
がんばれるはず
やればできるはず
自分はできない
なんて
もっと努力して
もっと我慢して
…でも、それで
壊れてしまう
こともある

いったん
目の前の山だけを
見るのをやめて
他にも
いろんな山や
道があるのに
気がついて
ほしいです
がんばる道は
1つじゃない
方法も1つじゃない
人間も1種類
じゃない
壊れるまで
目の前の山に
挑み続けることだけが
「がんばる」ことじゃない
自分にあった
がんばり方を
みつけるのは
逃げること
じゃない

好き“だから”？

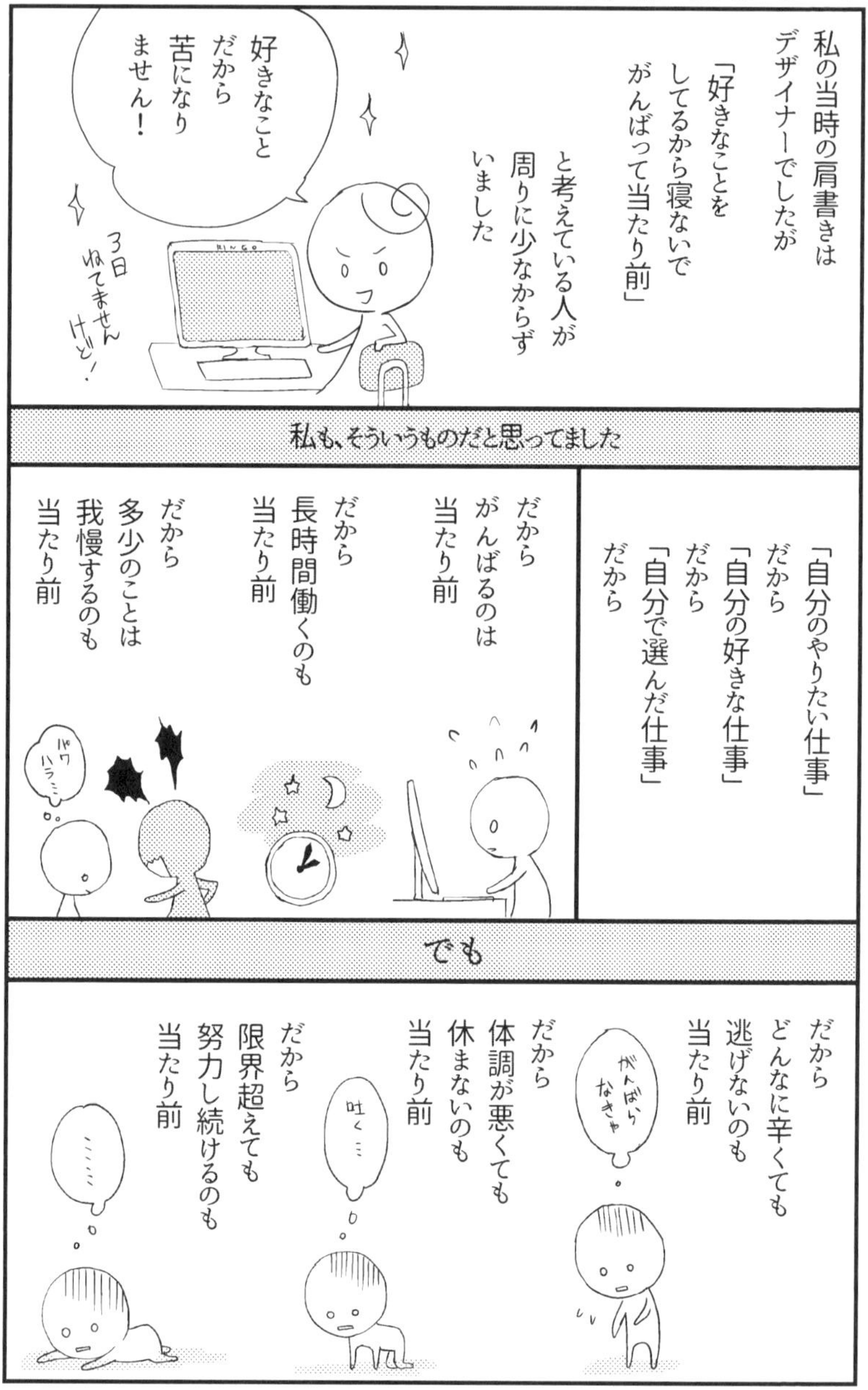
私の当時の肩書きは
デザイナーでしたが
「好きなことを
してるから寝ないで
がんばって当たり前」
と考えている人が
周りに少なからず
いました
好きなこと
だから
苦になり
ません！
3日
ねてません
けど！
私も、そういうものだと思ってました
「自分のやりたい仕事」
だから
「自分の好きな仕事」
だから
「自分で選んだ仕事」
だから
だから
がんばるのは
当たり前
だから
長時間働くのも
当たり前
だから
多少のことは
我慢するのも
当たり前
パワハラ…
でも
だから
どんなに辛くても
逃げないのも
当たり前
がんばらなきゃ
だから
体調が悪くても
休まないのも
当たり前
吐く…
だから
限界超えても
努力し続けるのも
当たり前
……

だから、だから、だから、
〝だから〟過労死するのも当たり前？
…そんなわけない
最初は前向きだった「だから」が
だから
だから
だから
だから
だから
だから
思いがけずあなたを暗い道へ連れてゆくこともある
その「だから」はどこに向かっていますか？
その先にあなたの夢や幸せは本当にありますか？
だから
ちょっと注意してみてください

「過労」は見えない刃物

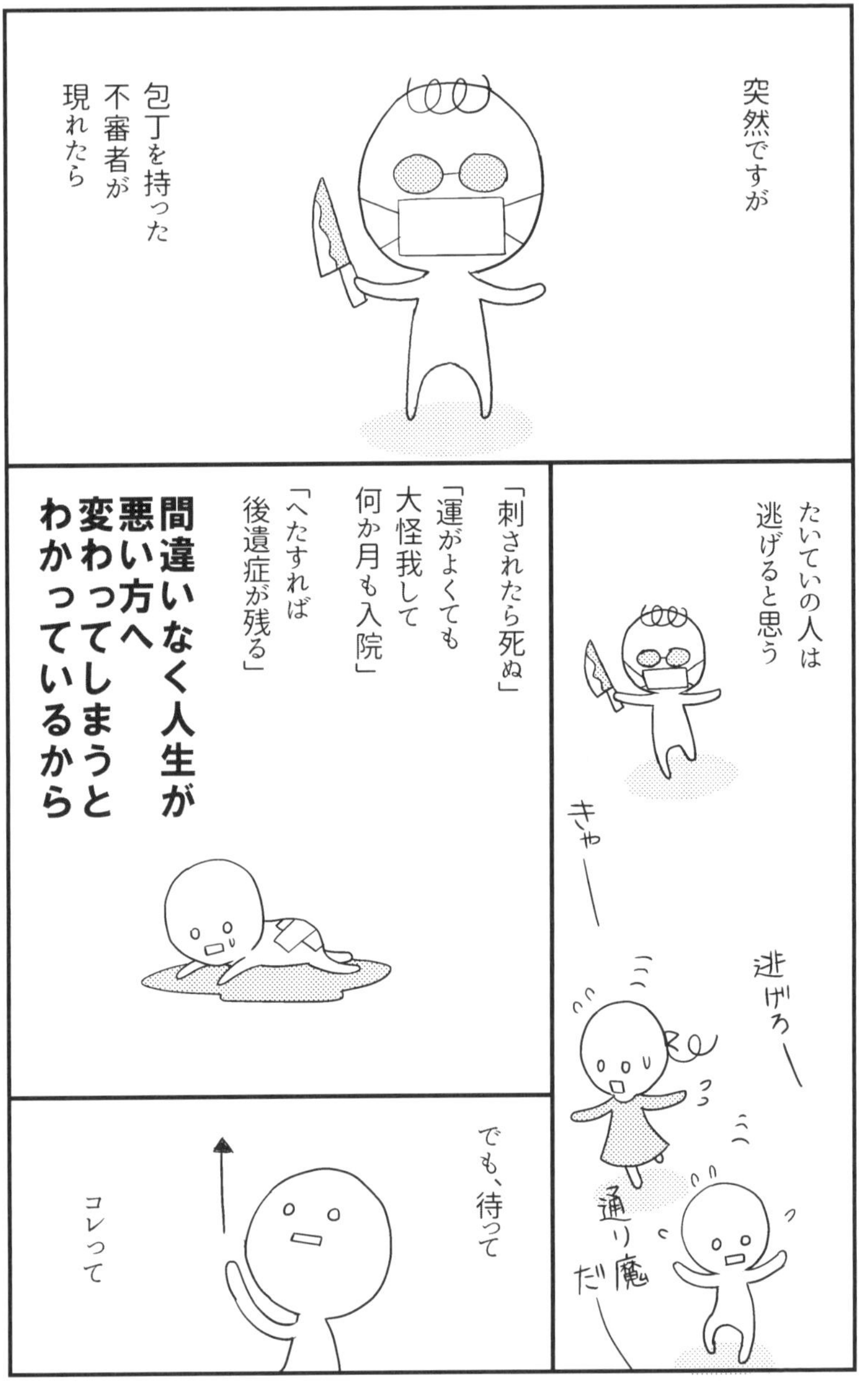

突然ですが
包丁を持った不審者が現れたら
たいていの人は逃げると思う
きゃー
逃げろー
通り魔だ
「刺されたら死ぬ」
「運がよくても大怪我して何か月も入院」
「へたすれば後遺症が残る」
間違いなく人生が悪い方へ変わってしまうとわかっているから
でも、待って
コレって

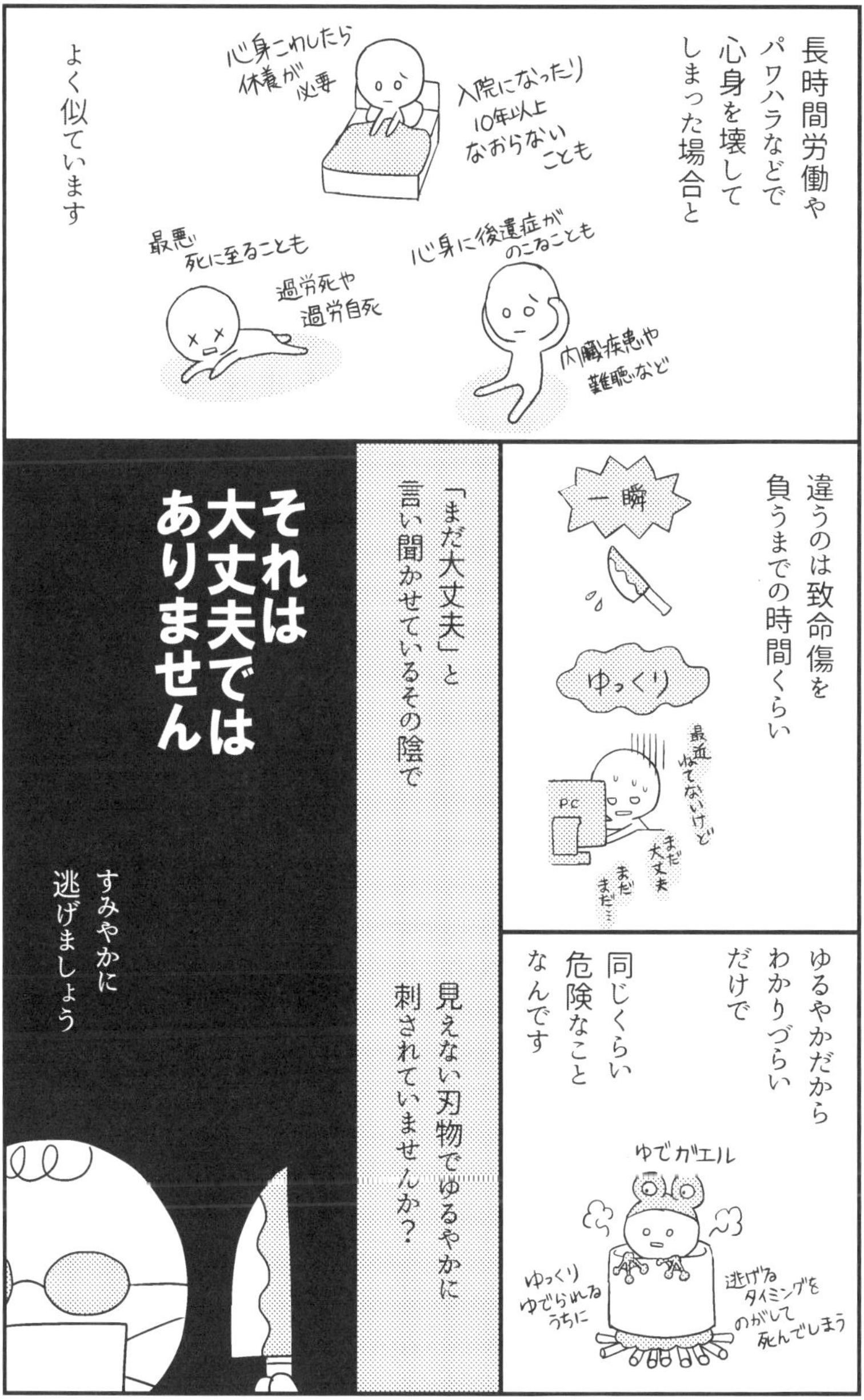
長時間労働や
パワハラなどで
心身を壊して
しまった場合と
入院になったり
10年以上
なおらない
ことも
心身こわしたら
休養が
必要
心身に後遺症が
のこることも
内臓疾患や
難聴など
最悪
死に至ることも
過労死や
過労自死
よく似ています
違うのは致命傷を
負うまでの時間くらい
一瞬
ゆっくり
最近
ねてないけど
まだ
大丈夫
まだ
まだ…
PC
ゆるやかだから
わかりづらい
だけで
同じくらい
危険なこと
なんです
ゆでガエル
ゆっくり
ゆでられる
うちに
逃げる
タイミングを
のがして
死んでしまう
「まだ大丈夫」と
言い聞かせているその陰で
見えない刃物でゆるやかに
刺されていませんか？
それは
大丈夫では
ありません
すみやかに
逃げましょう

ところで
こういう本を
読んでいるあなたは
がんばりやさん
なのだと思いますが

「どこまで
がんばればいいのか」
「どこまでが『甘え』で
どこからが『がんばりすぎ』
なのか」

などなど、
自分ではよく
わからないことって
ありますよね

そのあたりを
ちょっと専門家の先生に
きいてみましょう

おしえて!ゆうき先生 Q&A

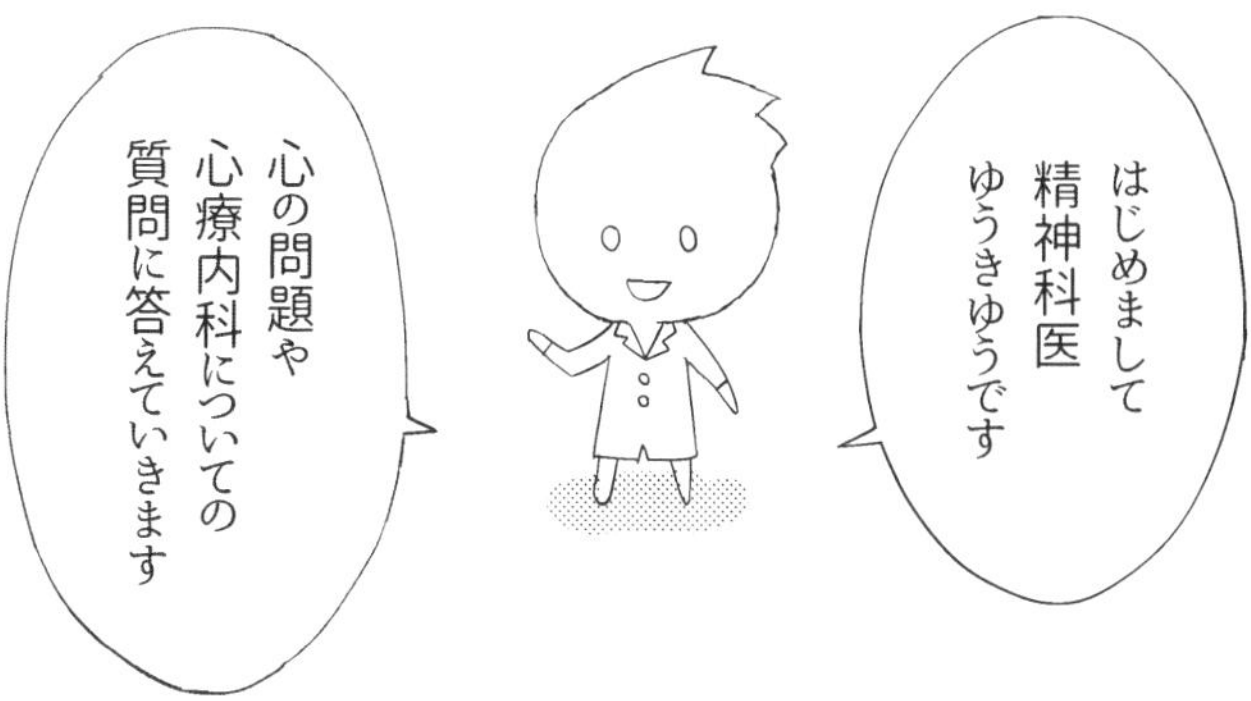

はじめまして精神科医ゆうきゆうです
心の問題や心療内科についての質問に答えていきます

◆ゆうきゆう先生プロフィール

マンガめっちゃおもしろいです。

精神科医・作家・マンガ原作者
東京大学医学部医学科卒業
ゆうメンタルクリニック・ゆうスキンクリニック
グループ総院長

医師としての診療をしながら、読者数16万人のメールマガジン「セクシー心理学」を発行。

Twitterでは約40万人のフォロワーがいる。

また『マンガで分かる心療内科』、『マンガで分かる肉体改造』、『モテるマンガ』などのマンガ原作や著作も手がけ、総発行部数は400万部を超える。

Q がんばることは大事だというけれど、いったいどこまでがんばればいいのですか？

A

たしかに、がんばることは大切です。

生きていると、誰でもがんばらないといけない場面、無理をしないといけない場面に出くわすことはあります。

仕事で多少無理をしてでもがんばった結果、成功を手に入れた人の話を聞いて「自分も、もっとがんばらなきゃ」と思っている人もいるかもしれません。

しかし、がんばり続けて、プツンと切れてしまう人も多々います。日本では年々過労死する人が増えています。厚生労働省のデータでは２０１５年に過労死・過労自殺した人の数は４８２人にのぼりました。

がんばることは大切だけれど、がんばりすぎて命を落としてしまう人までいる。では、いったいどこまでがんばり続ければいいの

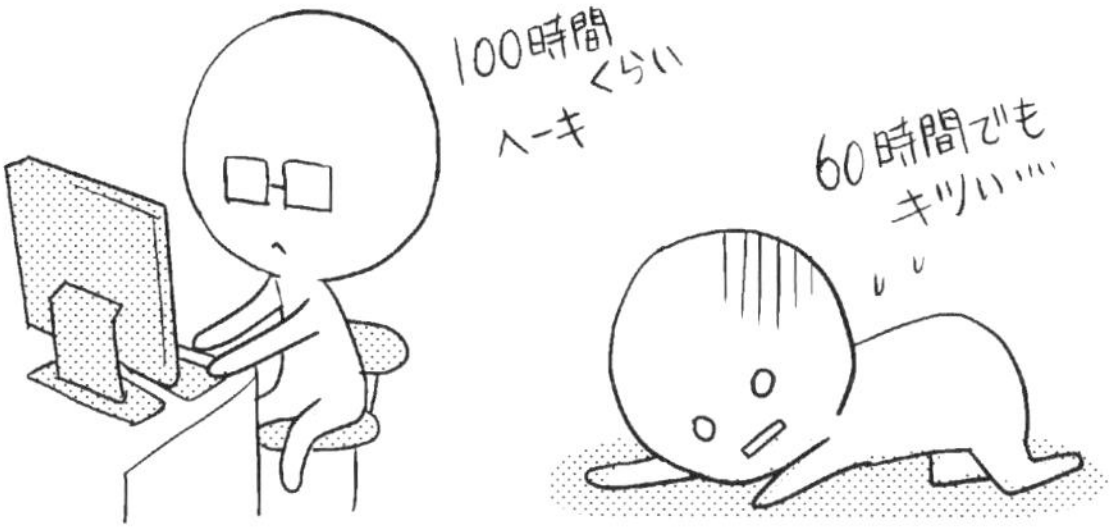

でしょうか。

この質問に対しては、あなたが会社勤めをしているとしたら、

「月平均80時間以上残業をしてまでがんばることはやめてください」

と答えるしかありません。残業時間が月80時間以上続くと過労死のリスクが高まるといわれているからです。

人間には22ページにあるように個体差がありますし、職場によって受けるストレスは変わってきますので、100時間残業しても平気な人もいれば、80時間以下の残業時間でも、心や体を壊す人もいます。

つまり、働いている〝時間〟だけでは「がんばりすぎ」なのか「まだがんばれる」のか、判断することはできないのです。

おそらく「どこまでがんばればいいのですか?」という質問は具体的な労働時間を聞きたいのではなく、「このまま無理してがんば

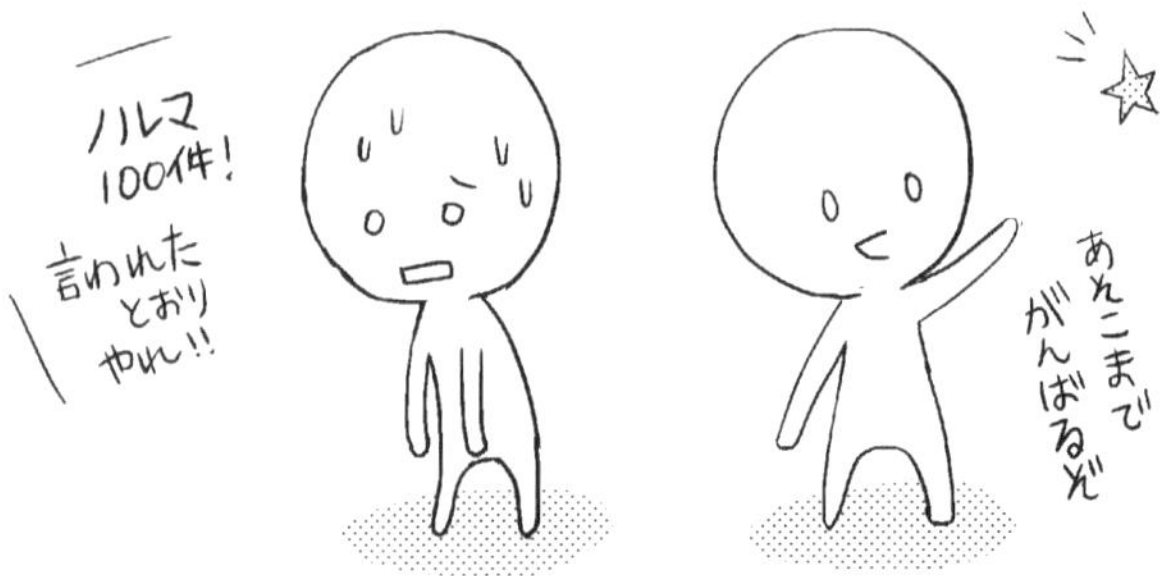

り続けて大丈夫か」という不安からくるものでしょう。

そこで、がんばり続けてうまくいく人と、プツンと切れてしまう人には、どのような差があるかを考えてみましょう。

この差は、

①「がんばっていることが自分自身で決めたことかどうか」

②「がんばったことの成果が分かりやすいか」

というのが重要な要素になります。

たとえば漫画家さんの中には、たくさんの〆切を抱えハードスケジュールであっても、非常に多くの作品を生み出す人がいます。漫画家さんは会社員ではないので残業時間という概念はありませんが、休む暇もないくらい働いている人がたくさんいます。

しかし、このような人たちの多くがイキイキとしています。

それは漫画を描くという仕事が、自分で決めたこと（①）だからです。そしてがんばって漫画を描いた結果、単行本の売上げや読者

の声という形で、成果がわかりやすく感じられる（②）からです。

特に今は、SNSなどで読者の感想を知ることができるため、昔より「がんばった結果、多くの人が反応してくれる」ことをダイレクトに感じることができます。

カフェの店員さんや美容師さんなどのような忙しい仕事をしながら楽しくイキイキしている人に話を聞く機会がありましたが、「昔からやりたかった仕事ですし、お客さんが喜んでいるところを見るのが楽しい」と僕に答えてくれました。

この人も①「自分で決めたことか」②「がんばったことの成果が分かりやすいか」の2つの要素がそろっています。

①と②が当てはまらないうえに長時間労働を強いられている場合、注意が必要です。この状態でがんばり続けると、精神的に大きなストレスを受けることになるからです。

筋トレをしたくもないのに、無理やり毎日重いバーベルを持ち上げさせられている。そんな状態が続くようなものです。これでは、かなりつらい状態になってしまうことでしょう。

「どこまでがんばればいいんだろう……」と仕事で不安になったときは、

①「がんばっていることは自分自身で決めたことかどうか」
②「がんばったことの成果が分かりやすいか」

をあらためて意識し、もし今の仕事がこれらに当てはまらなければ、まずは自分が決めた仕事になるように、行動を変えていくのがベストです。

「そんなこと言っても、すぐに転職なんかできないし、ウチの仕事は、そんな余地はない。毎日コピーを取らされるだけだし」

と思うかもしれません。

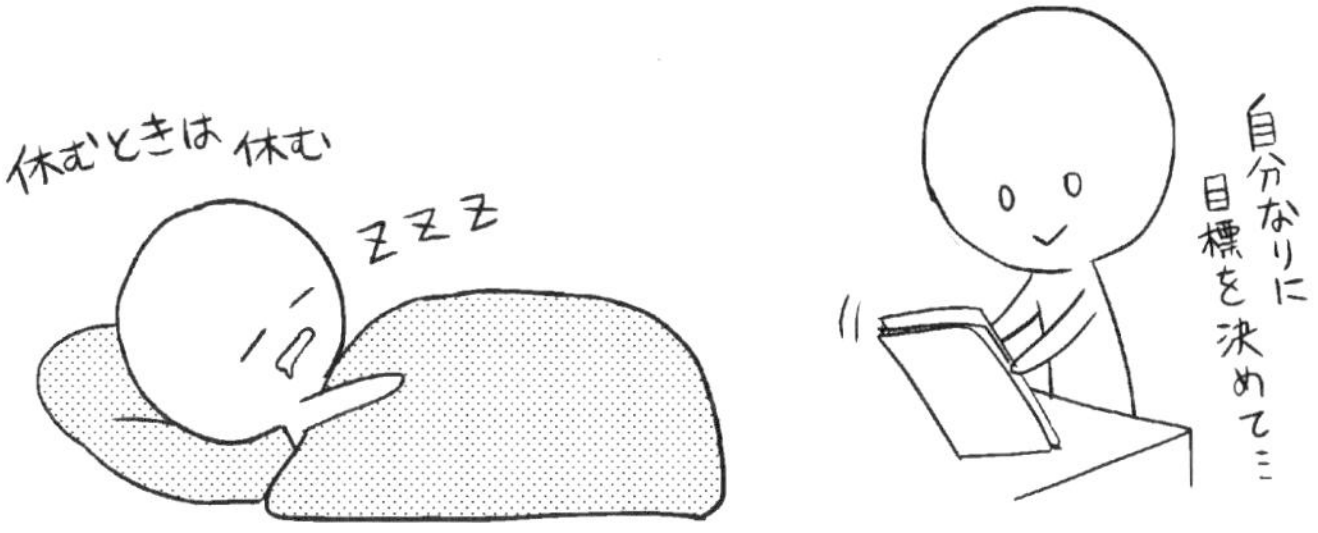

しかしその場合でも、

「コピーを1枚5秒で取れるようにタイムトライアルをしてみよう！」

「資料のホチキスを、できるかぎりキレイに留めてみよう」

など、「自分なりの工夫や変化」を持たせることもできるはず。

これだけでも「自分で決めた仕事」（①）になります。

また自分で少しでも何かを変えてみれば、周りの人の反応も変わってくるかもしれません。

すると「仕事の成果」（②）が感じられるので、気持ちが変わってきます。

もちろん漫画家さんでも、無理をしすぎて体や心を壊すこともあるので、「自分で決めた仕事」でも「無理をしすぎないこと」「自分はどこまで無理をしても大丈夫かをきちんと把握すること」は大切です。

自分ががんばれる範囲を把握したうえで「自分の仕事」に切り替えて、楽しみながらやっていく工夫ができれば、ベストです。

無理のないように楽しみつつ、試してみてください。

とはいえ、

「精神的に追いつめられていて、楽しむ余裕なんてない！　もっと深刻な状況なんだ！」

という人もいるかもしれませんね。

もしかしたら今すぐ心療内科を活用したほうがいい人もいるかもしれません。そんな人は、次の章「心のＳＯＳに気がついて」を読み進めてみてください。

あなたの身体が発するサインに気がつくことができ、今の自分がどれだけ深刻か、客観的になれるでしょう。自分の心がどのような状況なのか把握することは大切です。

もちろん、まだ余裕がある人も、追いつめられて判断力がなくなる前にぜひ読んでみてください。

第2章

心のSOSに気がついて

突然涙が出る

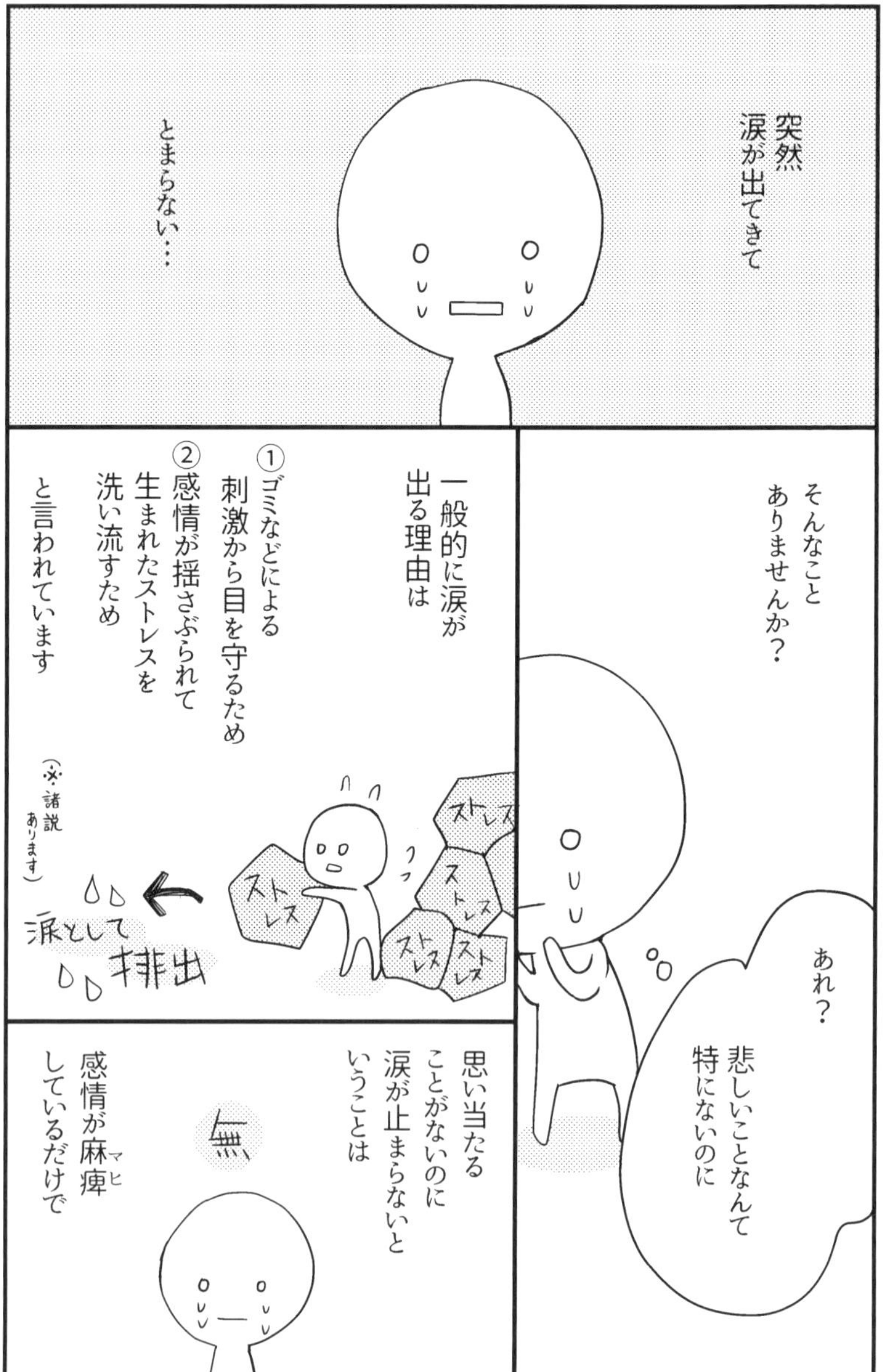

突然涙が出てきて
とまらない…
そんなことありませんか？
あれ？
悲しいことなんて特にないのに
一般的に涙が出る理由は
①ゴミなどによる刺激から目を守るため
②感情が揺さぶられて生まれたストレスを洗い流すため
と言われています
ストレス
ストレス
ストレス
ストレス
ストレス
涙として排出
(※諸説あります)
思い当たることがないのに涙が止まらないということは
無
感情が麻痺《マヒ》しているだけで

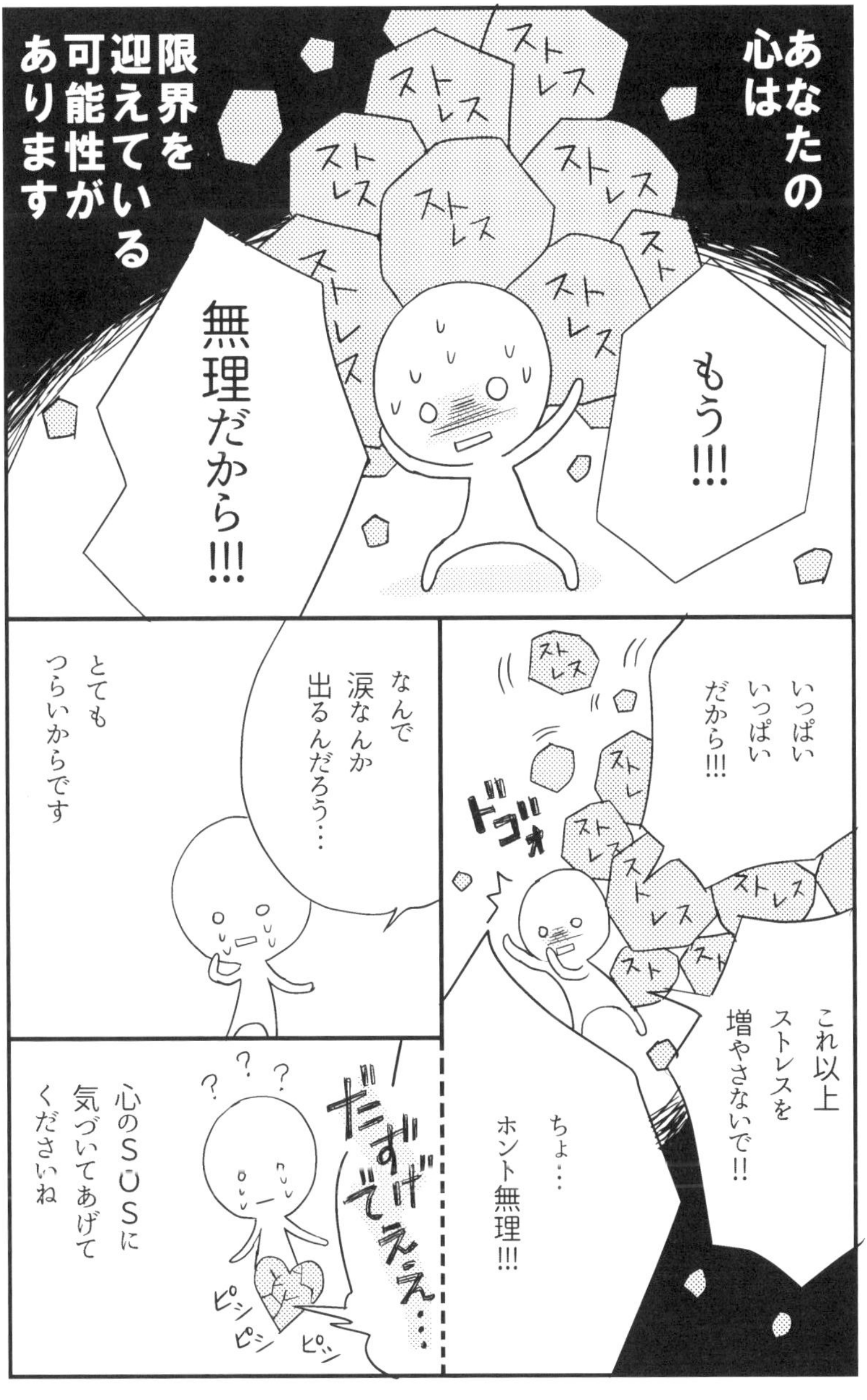

あなたの
心は
限界を
迎えている
可能性が
あります
もう!!!
無理だから!!!
ストレス
いっぱい
いっぱい
だから!!!
ドゴォ
なんで
涙なんか
出るんだろう…
とても
つらいからです
これ以上
ストレスを
増やさないで!!
ちょ…
ホント無理!!!
だずげでえぇ…
ピシ
ピシ
ピシ
心のＳＯＳに
気づいてあげて
くださいね

動けない

ある日
突然
立てない
起きられない
動けない
熱もないし
怪我をしている
わけでもない。
どこも
悪くないのに
平熱じゃん…
ピッ
36.5℃
疲れかな
しゃんと
しなきゃ
こういうとき
あなたの心は

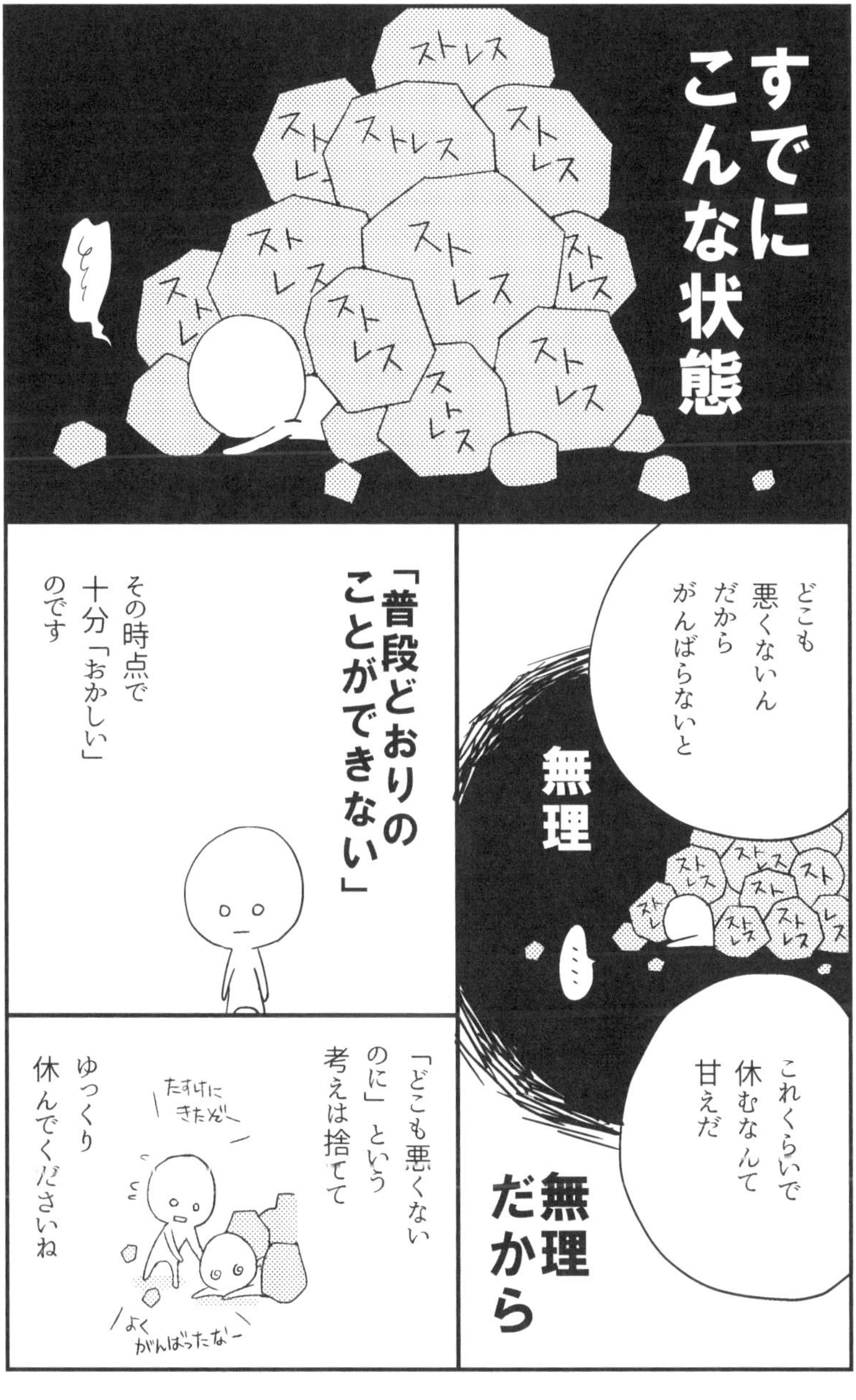
すでにこんな状態
ストレス
どこも悪くないんだからがんばらないと
無理
これくらいで休むなんて甘えだ
無理だから
「普段どおりのことができない」
その時点で十分「おかしい」のです
「どこも悪くないのに」という考えは捨てて
ゆっくり休んでくださいね
たすけにきたぞ〜
よくがんばったな〜

ジンマシン

昔在籍していた
会社の人から
聞いた話です
ある社員が
苦手な人の隣の
席になったとき
苦手な人が
いる側だけに
ジンマシンが出た
ぶわっ
苦
席替えをして
苦手な人が
逆側になったら
ぶわっ
苦
今度はそっち側だけ
に出た
わかりやすっ！
会社のヒト
体は正直って
ヤツっすね
ストレスの出方は
人によりいろいろ
私の場合
目がチカチカして
よく見えなくなる
ストレスで
脳血管が収縮
してるらしい
心臓が
バクバクしたり
体がこわばって
ちゃんと動かない
めまいや吐き気など
バクバクバク
もしや
これが
恋…？
ただのストレス

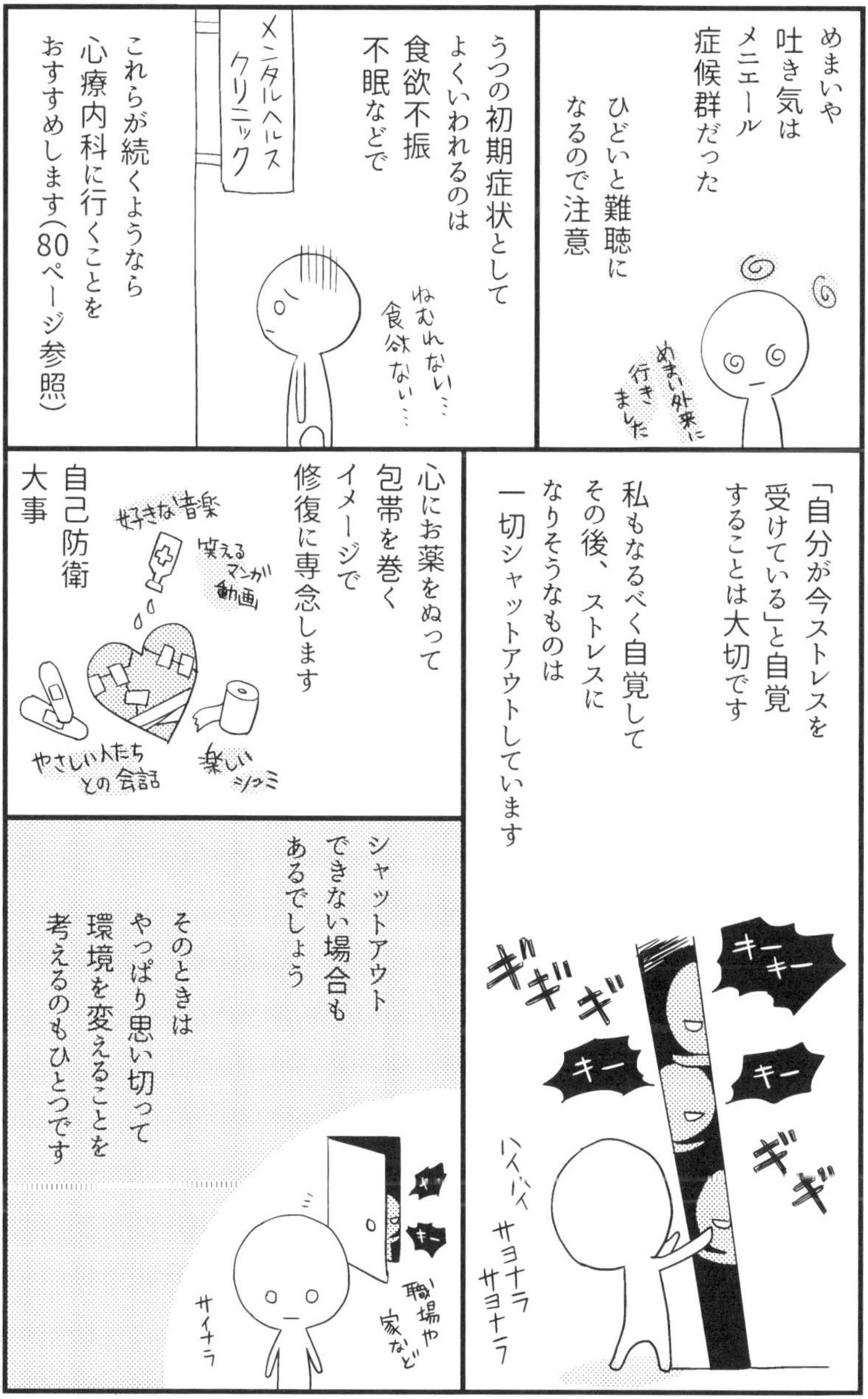
めまいや
吐き気は
メニエール
症候群だった
ひどいと難聴に
なるので注意
めまい外来に
行きました
うつの初期症状として
よくいわれるのは
食欲不振
不眠などで
メンタルヘルス
クリニック
ねむれない…
食欲ない…
これらが続くようなら
心療内科に行くことを
おすすめします（80ページ参照）
「自分が今ストレスを
受けている」と自覚
することは大切です
私もなるべく自覚して
その後、ストレスに
なりそうなものは
一切シャットアウトしています
ギギギ
キーキー
キー
キー
ギギ
ハイハイ
サヨナラ
サヨナラ
心にお薬をぬって
包帯を巻く
イメージで
修復に専念します
自己防衛
大事
好きな音楽
笑えるマンガ
動画
やさしい人たち
との会話
楽しい
シュミ
シャットアウト
できない場合も
あるでしょう
そのときは
やっぱり思い切って
環境を変えることを
考えるのもひとつです
キー
職場や
家など
サイナラ

丈夫な人ほど…

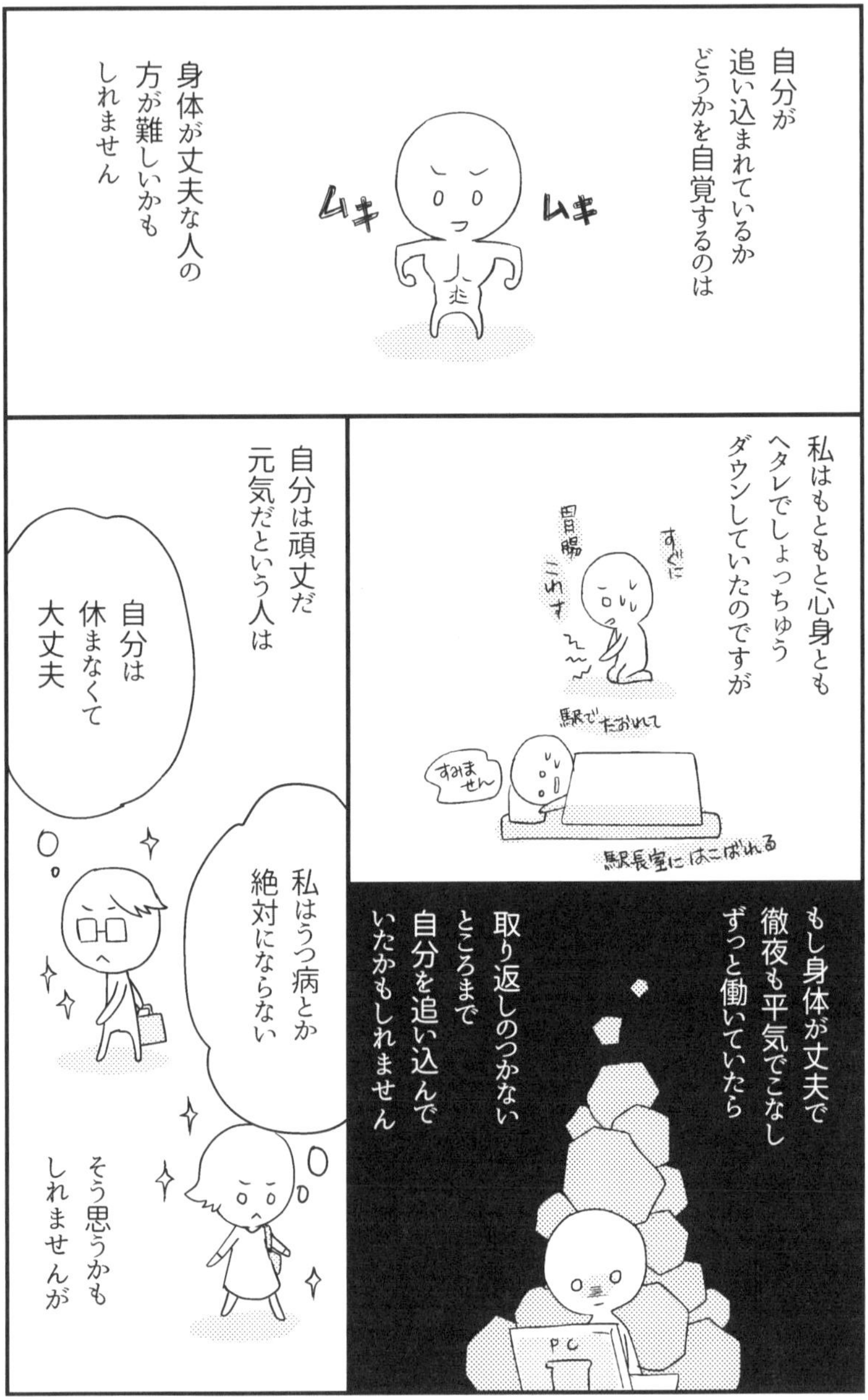
自分が追い込まれているかどうかを自覚するのは
ムキ
ムキ
身体が丈夫な人の方が難しいかもしれません
私はもともと心身ともヘタレでしょっちゅうダウンしていたのですが
すぐに
胃腸こわす
駅でたおれて
すみません
駅長室にはこばれる
もし身体が丈夫で徹夜も平気でこなしずっと働いていたら
取り返しのつかないところまで自分を追い込んでいたかもしれません
PC
自分は頑丈だ元気だという人は
自分は休まなくて大丈夫
私はうつ病とか絶対にならない
そう思うかもしれませんが

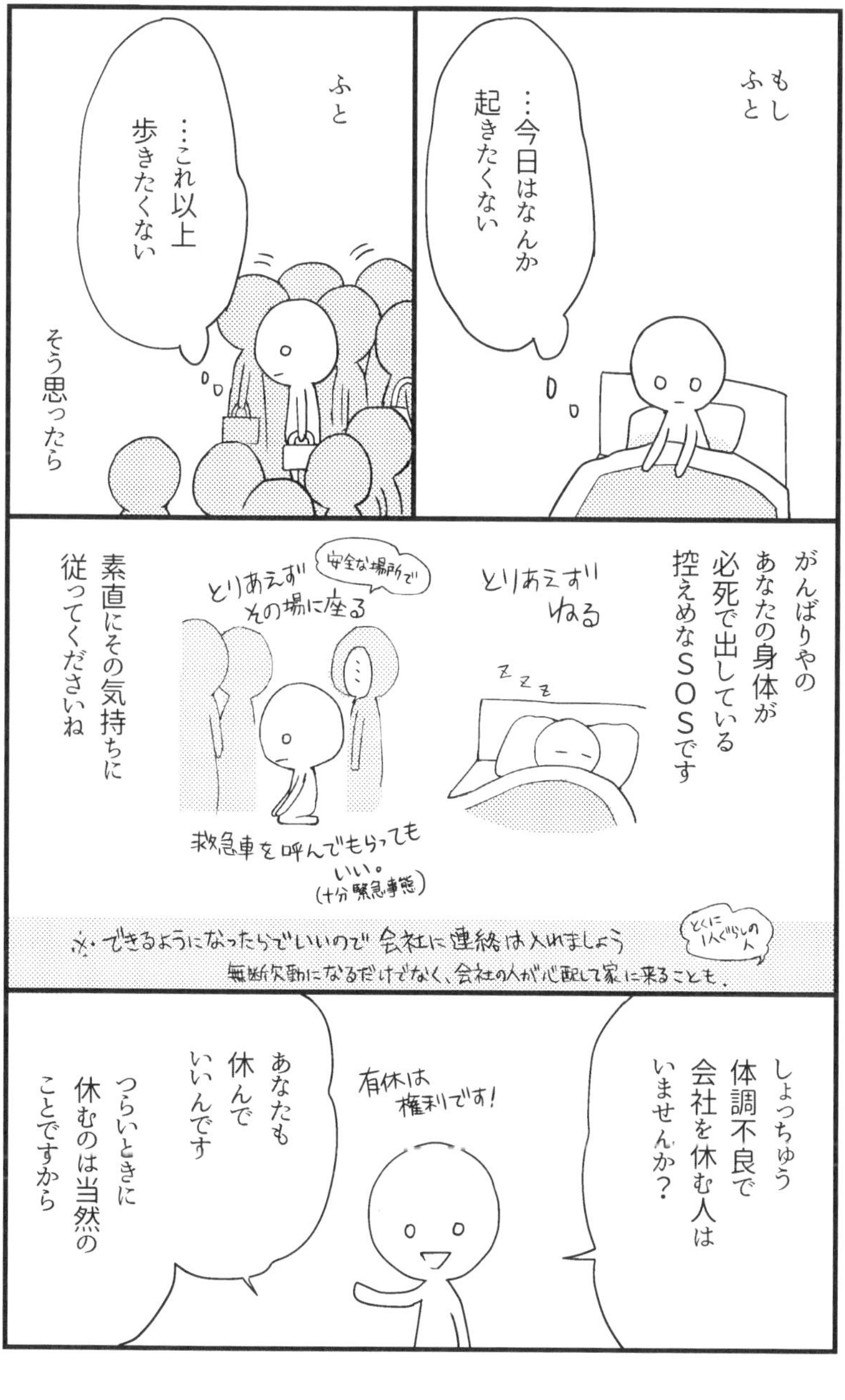
もし
ふと
…今日はなんか起きたくない
ふと
…これ以上歩きたくない
そう思ったら
がんばりやのあなたの身体が必死で出している控えめなSOSです
とりあえずねる
z z z
とりあえずその場に座る
安全な場所で
救急車を呼んでもらってもいい。(十分緊急事態)
素直にその気持ちに従ってくださいね
※・できるようになったらでいいので会社に連絡は入れましょう
とくに1人ぐらしの人
無断欠勤になるだけでなく、会社の人が心配して家に来ることも。
しょっちゅう体調不良で会社を休む人はいませんか？
有休は権利です!
あなたも休んでいいんです
つらいときに休むのは当然のことですから

見えなくても

昼のお星は
めにみえぬ
見えぬけれども
あるんだよ
見えぬものでも
あるんだよ
金子みすゞ「星とたんぽぽ」
(『金子みすゞ名詩集』彩図社より)
こんな素敵な詩が
ありますが
この世には
見えていなくても
存在するものが
たくさん
ありますね
アルバム
愛や勇気
感動や思い出
そして――
ストレスや疲労
これは
見えないところで
確実にあなたの心を
削り取るもの
見えていれば
本人も周囲も
気づいてすぐに対応
できるのに
すいませーん
大分ボロボロ
なので
病院
行きまーす
ボロ
見えないだけに
やっかいです

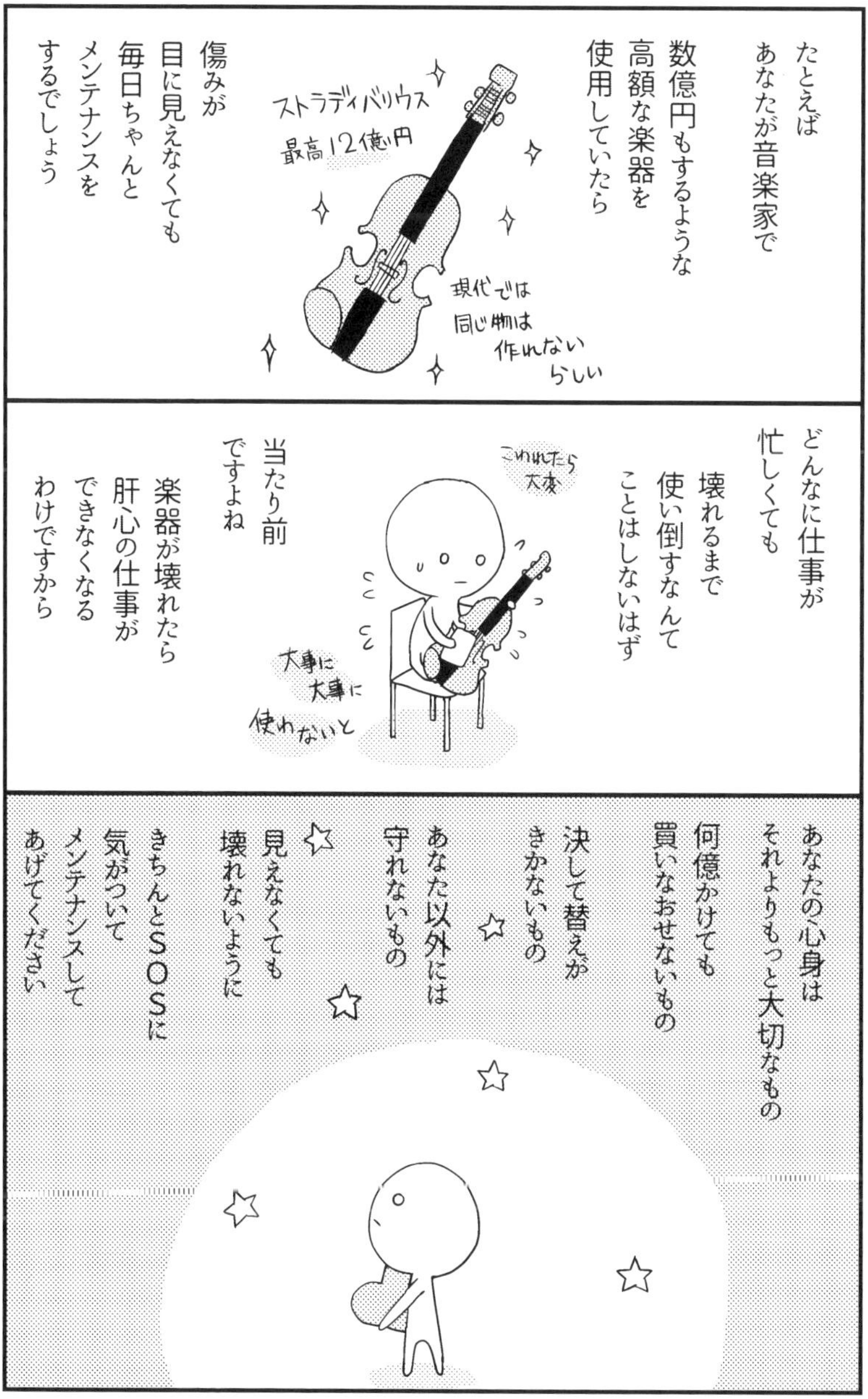
たとえば
あなたが音楽家で
数億円もするような
高額な楽器を
使用していたら
ストラディバリウス
最高12億円
現代では
同じ物は
作れない
らしい
傷みが
目に見えなくても
毎日ちゃんと
メンテナンスを
するでしょう
どんなに仕事が
忙しくても
壊れるまで
使い倒すなんて
ことはしないはず
こわれたら
大変
当たり前
ですよね
楽器が壊れたら
肝心の仕事が
できなくなる
わけですから
大事に
大事に
使わないと
あなたの心身は
それよりもっと大切なもの
何億かけても
買いなおせないもの
決して替えが
きかないもの
あなた以外には
守れないもの
見えなくても
壊れないように
きちんとSOSに
気がついて
メンテナンスして
あげてください

Q 心を病むのはその人が弱いから？

A

「心を病むのは、自分が弱いからだ」

そう考えてしまう人は多いですが、そんなことはありません。

とある調査（※）によると、現在の日本では、5人に1人が精神疾患にかかった経験があるとされています。心を病むというのは、日本人の多くに起こりえることで、特別なことではないのです。

なので、もしうつになったとしても、

「自分は心が弱いんだ」

などと**さらに自分の気持ちを追い込む必要はまったくありません。**

心に関わる疾患の要因は、「遺伝と環境が半々」だと言われています。

遺伝とは、その人に元々備わっているもの。

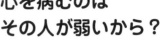

環境とは、その人がどのような生活を送ってきたか、また現在、送っているか。

たとえば一卵性双生児は、遺伝子が基本的に同じですが、一人が心の病にかかったからといって、もう一人が必ずかかるというわけではありません。

たとえばストレスの強すぎる環境にいれば、どんな人でも精神的に追い込まれ、心の病気になる可能性は高まります。

もちろん、ストレスの強い環境でも精神的に追いこまれず、元気な人はいるので、「環境だけ」ではなく、結果的に「遺伝と環境が半々」とされているのです。

ちなみに僕自身も、過去にストレス過多状態が続き、眠れなくなったり、食欲が落ちたり、「仕事に行きたくない」と思ったりしたことがありました。

一過性だったため、メンタルクリニックにかかるほどではありませんでしたが、長期的に続いていたとしたら、うつになっていた可能性は十分にあります。

精神科医である僕ですら、こうした状態におちいるわけです。

「何があっても絶対大丈夫な人」は存在しないのです。

落ち込むことが続いたり、メンタルクリニックにかかることがあったりしても、「自分が弱い」なんて気に病む必要はありません。

※国立精神・神経センター精神保健研究所の北村俊則医師が18歳以上の男女を対象に行った調査。「あなたは精神疾患にかかったことがありますか？」という質問に対し、男性は100人中16人、女性は100人中27人が、「精神疾患にかかったことがある」と答えた。ちなみに、精神疾患とは、うつ病、不安障害、パニック障害などのメンタルの疾患をさす。

第3章

がんばらない勇気

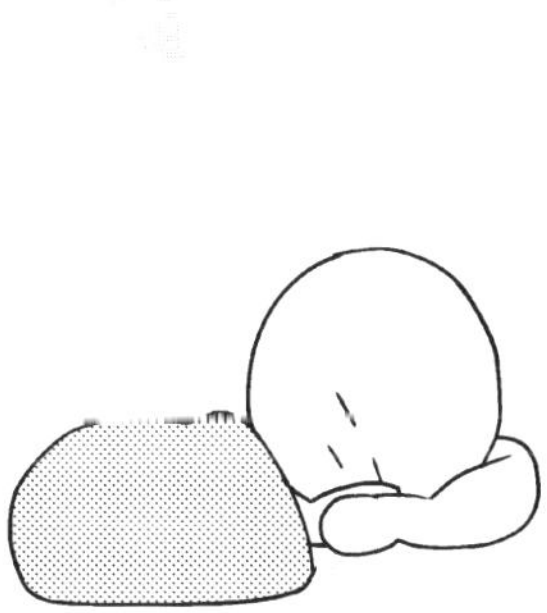

配慮しない

新卒で入社した後から、毎晩深夜帰宅で当然親は心配しましたが
もっとがんばらないと!!
でも、先輩や同僚はもっと残業してるから！
それでも平気で仕事してるんだから！
それに対する母親の答え
関西人
じゃあその人たちに任せて帰ればええやないの
その人たちは平気でできるんやろ？アンタはできへんのやから
できる人がやった方が効率的やないの
なんちゅう自分勝手な考え方
驚愕するとともに
「みんながんばってるからがんばる」全否定!!
むしろのっかる!!
人様への配慮とかナシ！

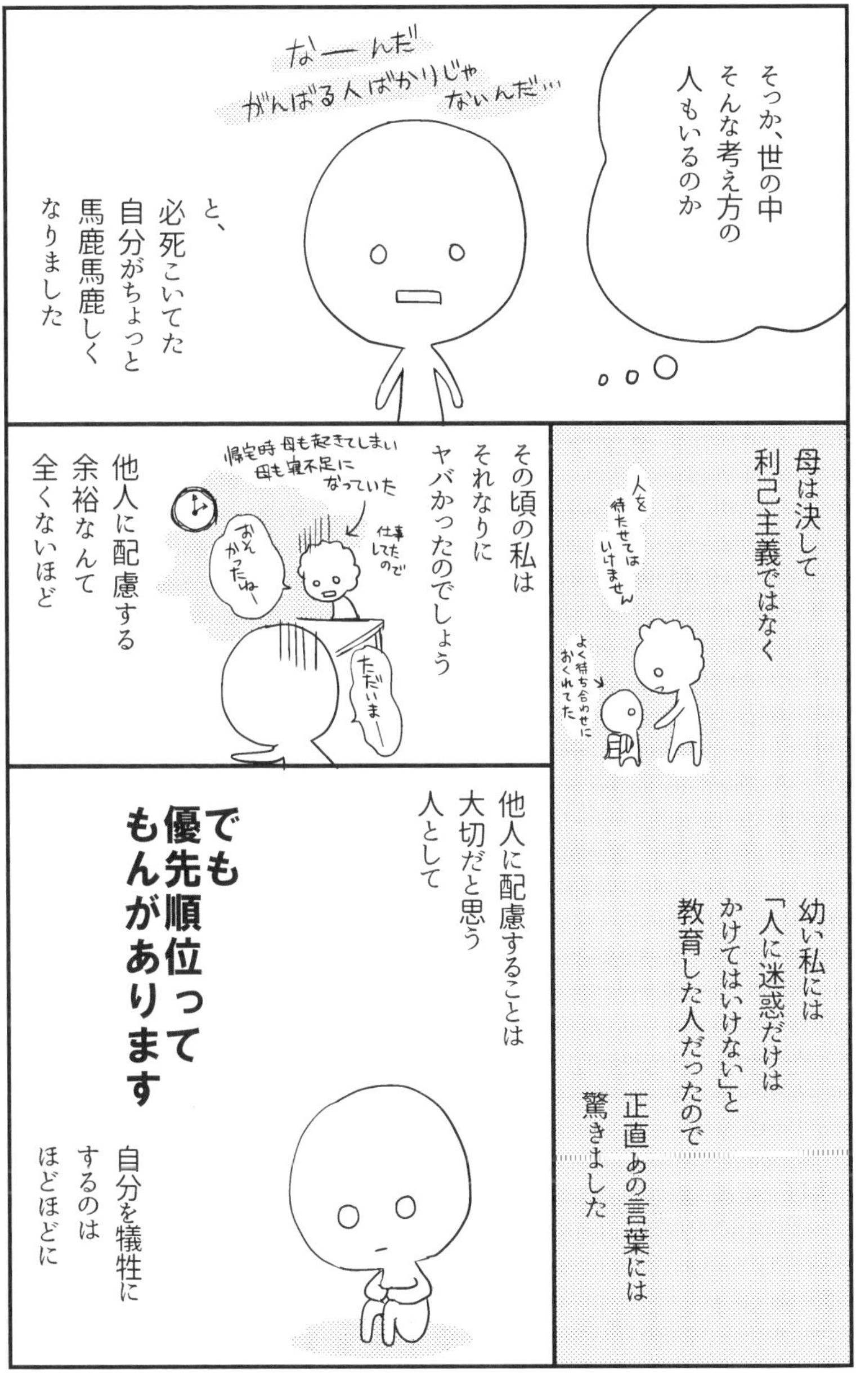
そっか、世の中
そんな考え方の
人もいるのか
なーんだ
がんばる人ばかりじゃ
ないんだ…
と、
必死こいてた
自分がちょっと
馬鹿馬鹿しく
なりました
母は決して
利己主義ではなく
人を待たせてはいけません
よく待ち合わせにおくれてた
幼い私には
「人に迷惑だけは
かけてはいけない」と
教育した人だったので
正直あの言葉には
驚きました
その頃の私は
それなりに
ヤバかったのでしょう
帰宅時 母も起きてしまい
母も寝不足に
なっていた
仕事してたので
おそかったねー
ただいまー
他人に配慮する
余裕なんて
全くないほど
他人に配慮することは
大切だと思う
人として
でも
優先順位って
もんがあります
自分を犠牲に
するのは
ほどほどに

かかわらない

人は自分なりの
常識や良識を
身につけています
服のように
人によって
色や形も
さまざま
お互いに
認め合い
すり合わせながら
そこはそーなってるんですか
ハイ着やすいですよ
そーいうのもいいですね
ココはそっちに合わせましょう
生きているけれど
たまに
すり合わせようが
ない人もいる

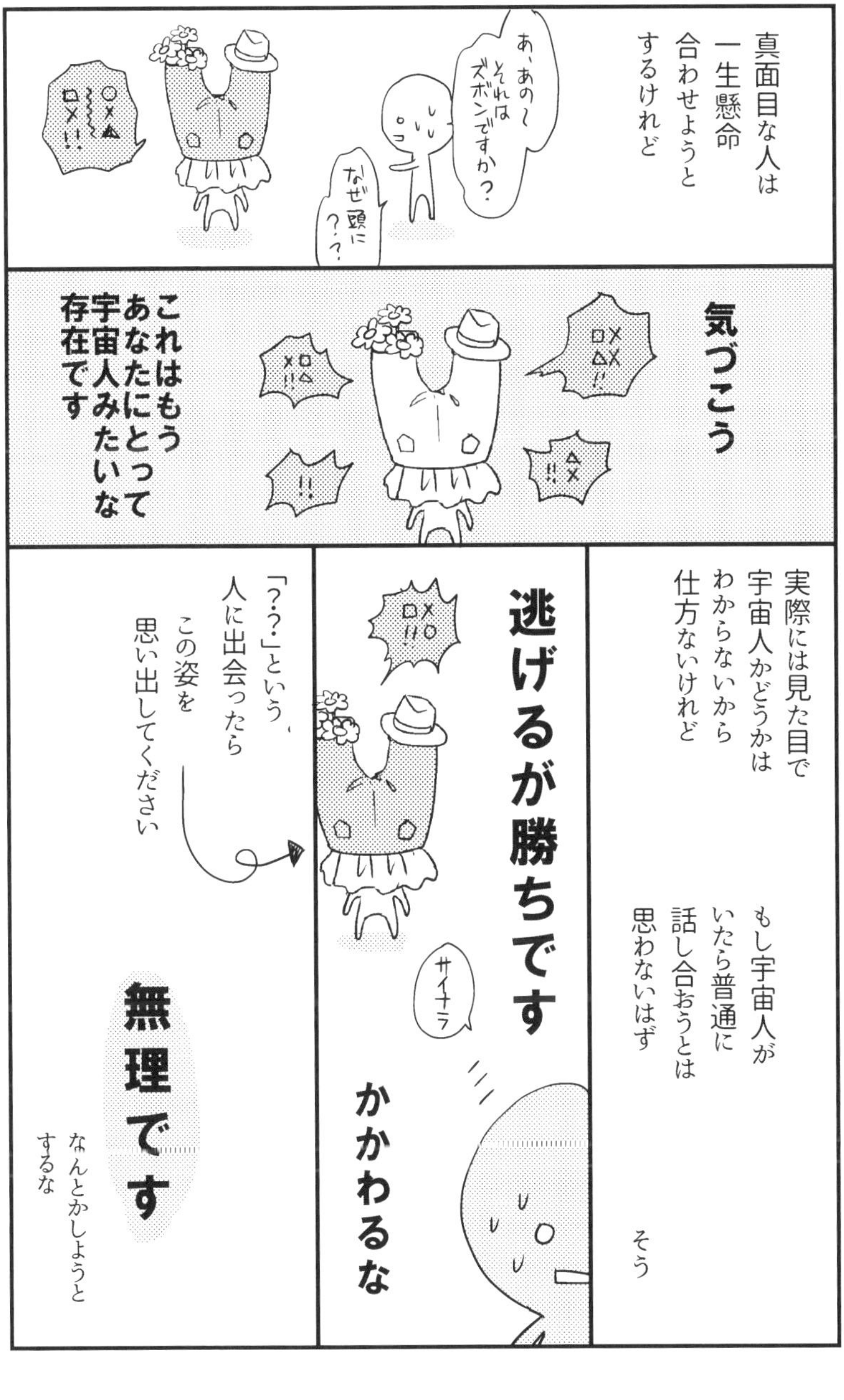

真面目な人は
一生懸命
合わせようと
するけれど
あ、あの〜 それは ズボンですか？
なぜ頭に ？？
気づこう
これはもう
あなたにとって
宇宙人みたいな
存在です
実際には見た目で
宇宙人かどうかは
わからないから
仕方ないけれど
もし宇宙人が
いたら普通に
話し合おうとは
思わないはず
そう
逃げるが勝ちです
サイナラ
かかわるな
「？・？・」という
人に出会ったら
この姿を
思い出してください
無理です
なんとかしようと
するな

「不幸競争」に参加しない

つらくて休みたいとき
もう…無理だ
辞めてしまいたいとき
今度こそ辞める…
こんなことを言う人、いませんか？
世の中にはもっとつらい人がいるんだから我慢しなさい
俺がおまえくらいの年齢だった頃は倍は働いていたぞ
まだマシじゃん私の方が大変だよ今日も会社でこんなことが…
こういうときは口に出さなくていいのでこう思いましょう
あっそカンケーねーよ
そーなんですかー
タイヘンですねー

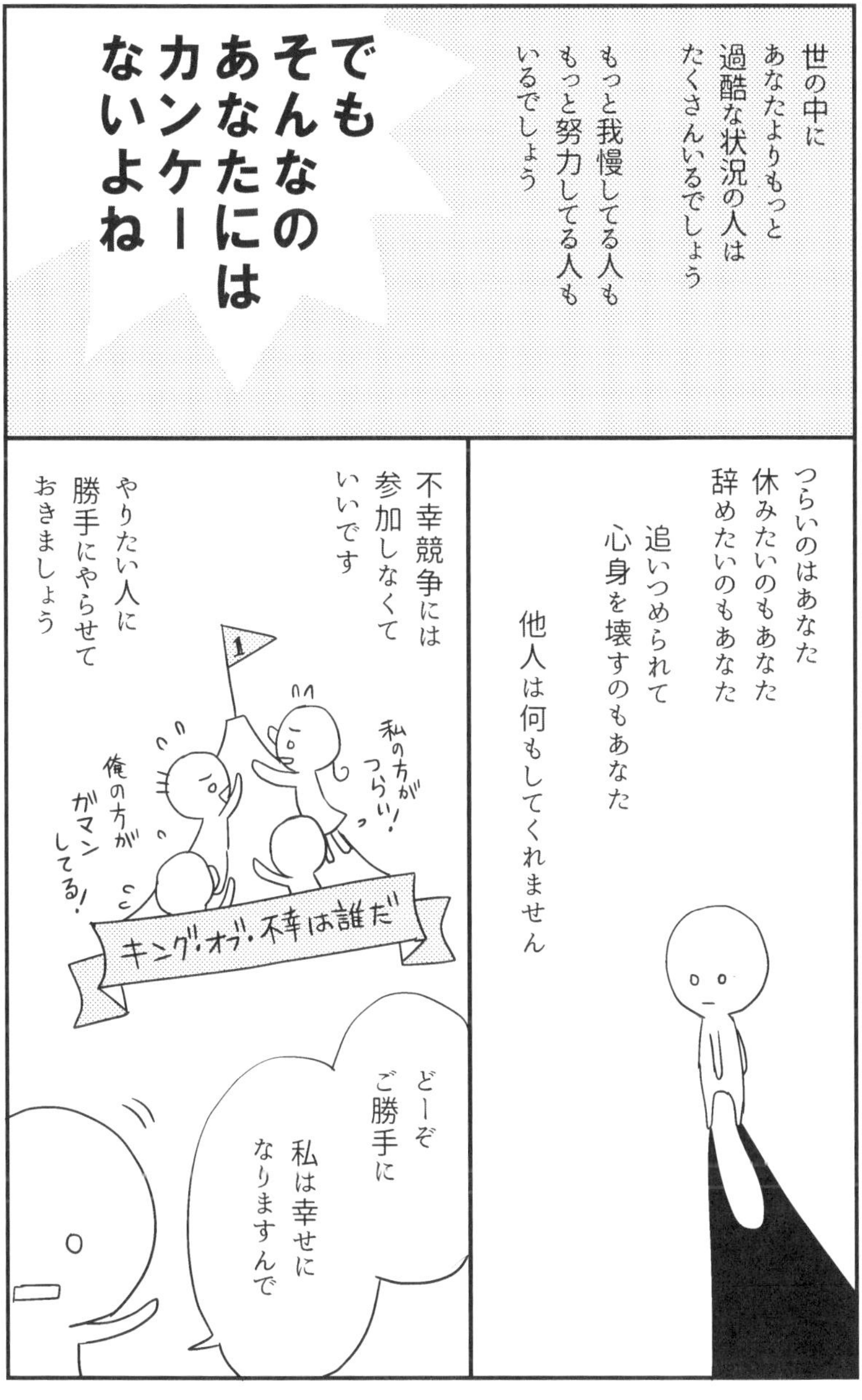
世の中に
あなたよりもっと
過酷な状況の人は
たくさんいるでしょう
もっと我慢してる人も
もっと努力してる人も
いるでしょう
でも
そんなの
あなたには
カンケー
ないよね
つらいのはあなた
休みたいのもあなた
辞めたいのもあなた
追いつめられて
心身を壊すのもあなた
他人は何もしてくれません
不幸競争には
参加しなくて
いいです
やりたい人に
勝手にやらせて
おきましょう
私の方がつらい!
俺の方がガマンしてる!
キング・オブ・不幸は誰だ
どーぞ
ご勝手に
私は幸せに
なりますんで

見ない

こんなナゾナゾを思い出してほしい

「世界を一瞬で消す方法は？」

―こたえ
その目を閉じればいいだけ
しゃっ
……
ポイ
スマホ
pad
あなたには世界を消す力がある
世界とはあなたの目に映るもの
何を見るかは自分次第
ここは一つ世界の王にでもなったつもりで
キサマ気にくわん
消してやろうぞ
いらないものは「消して」みてはいかが

先のことは考えない

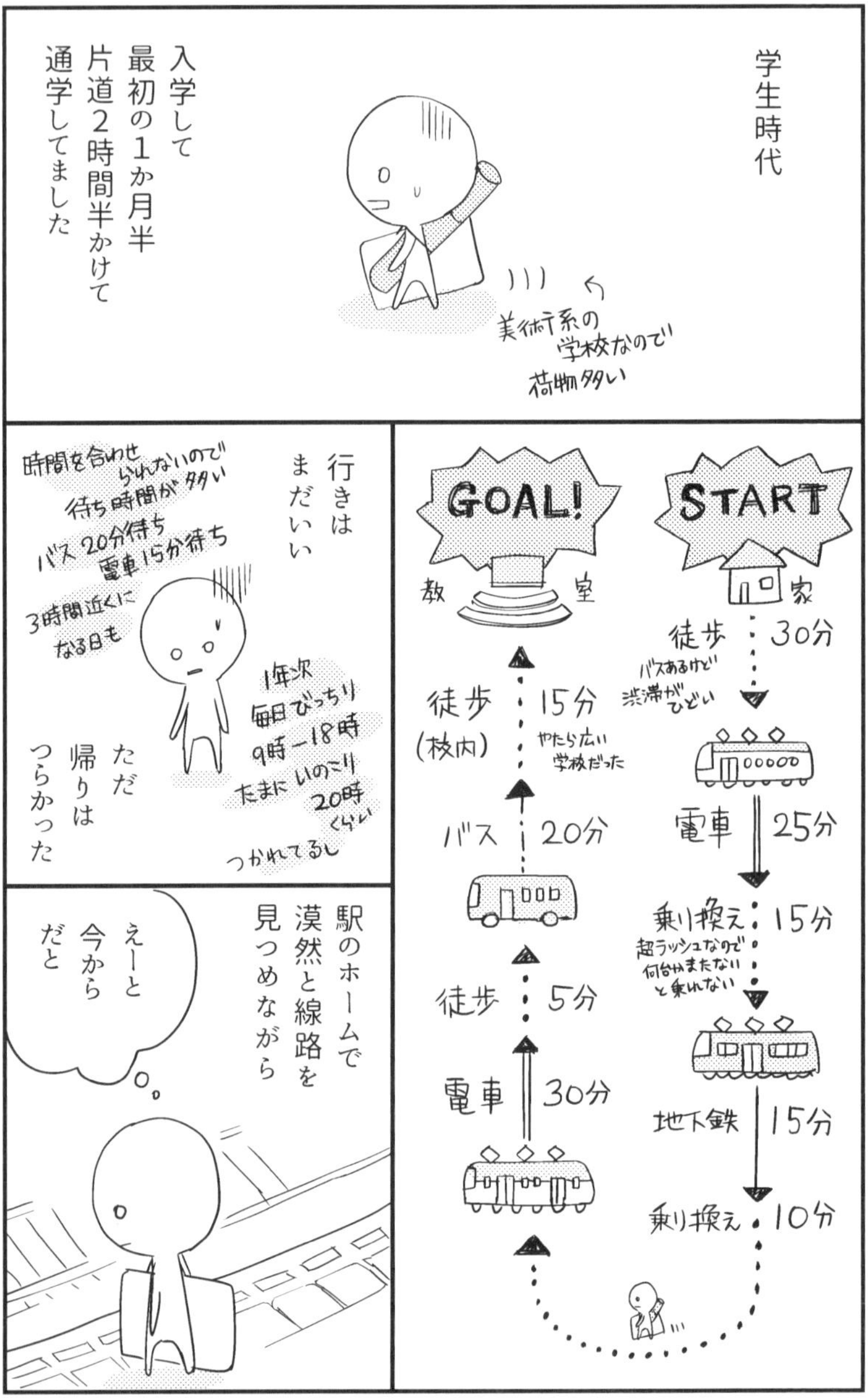

学生時代
入学して最初の1か月半片道2時間半かけて通学してました
美術系の学校なので荷物多い
START
家
徒歩 30分
バスあるけど渋滞がひどい
電車 25分
乗り換え 15分
超ラッシュなので何台かまたないと乗れない
地下鉄 15分
乗り換え 10分
電車 30分
徒歩 5分
バス 20分
徒歩(校内) 15分
やたら広い学校だった
教室
GOAL!
行きはまだいい
時間を合わせられないので待ち時間が多い
バス 20分待ち 電車15分待ち
3時間近くになる日も
ただ帰りはつらかった
1年次 毎日びっちり 9時－18時 たまにいのこり 20時くらい
つかれてるし
駅のホームで漠然と線路を見つめながら
えーと今からだと

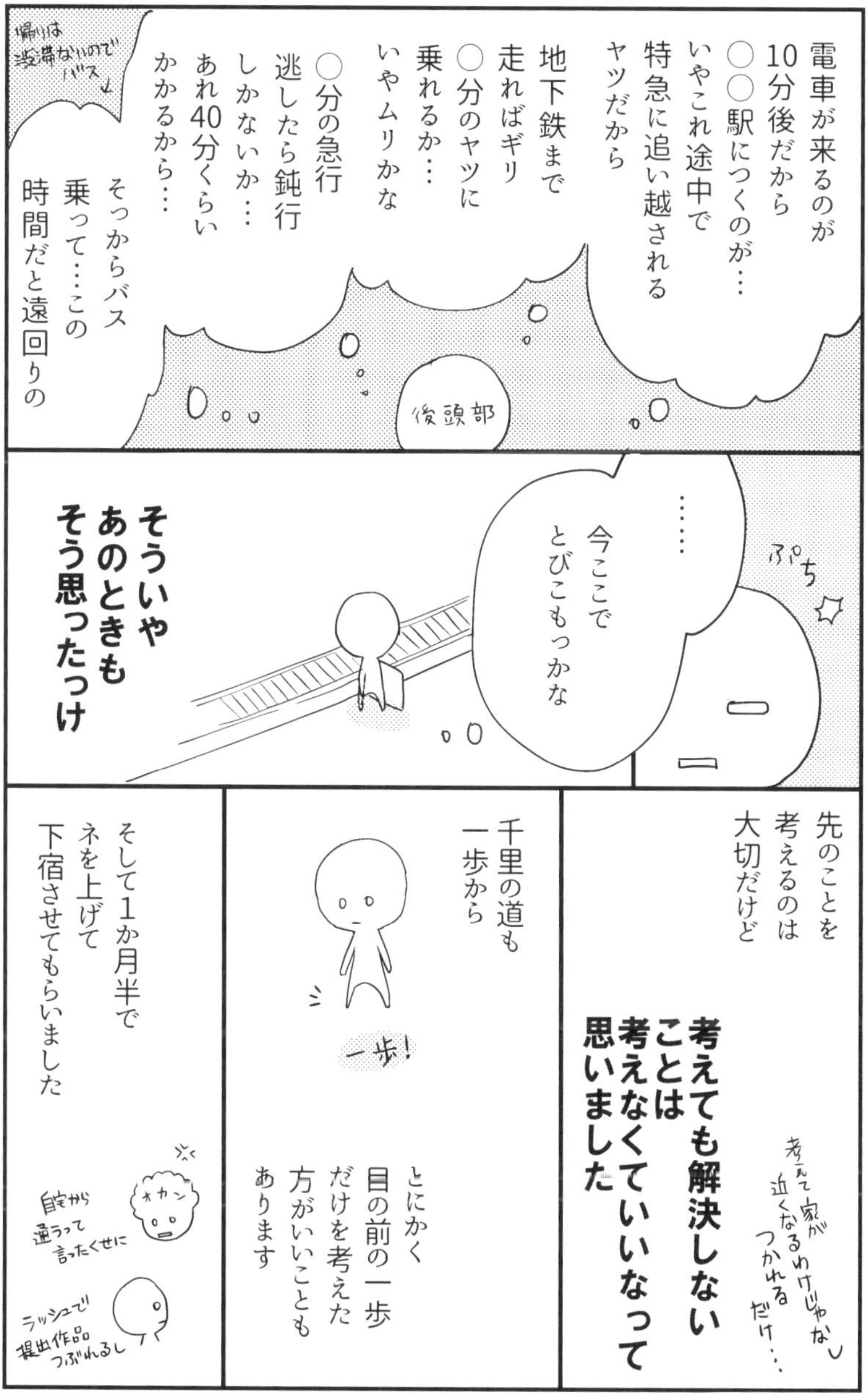
電車が来るのが10分後だから
○○駅につくのが…いやこれ途中で特急に追い越されるヤツだから
地下鉄まで走ればギリ○分のヤツに乗れるか…いやムリかな
○分の急行逃したら鈍行しかないか…あれ40分くらいかかるから…
そっからバス乗って…この時間だと遠回りの
帰りは渋滞ないのでバス
後頭部
ぷち
……今ここでとびこもっかな
そういやあのときもそう思ったっけ
先のことを考えるのは大切だけど
考えても解決しないことは考えなくていいなって思いました
考えて家が近くなるわけじゃなし つかれるだけ…
千里の道も一歩から
一歩!
とにかく目の前の一歩だけを考えた方がいいこともあります
そして1か月半でネを上げて下宿させてもらいました
オカン
自宅から通うって言ったくせに
ラッシュで提出作品つぶれるし

無茶しない

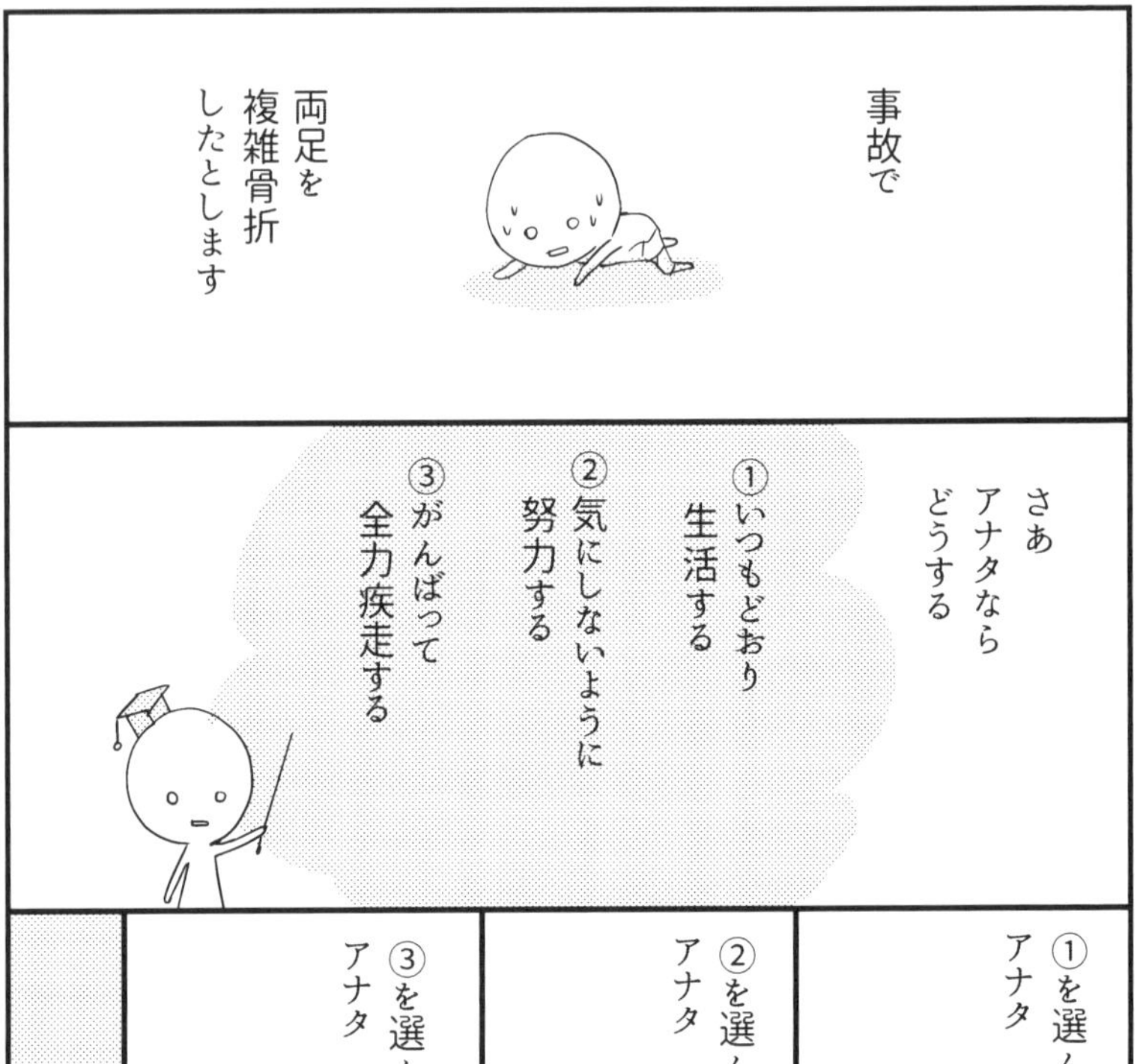

事故で
両足を複雑骨折したとします
さぁアナタならどうする
①いつもどおり生活する
②気にしないように努力する
③がんばって全力疾走する
①を選んだアナタ
立てない時点で気づけムリだ
②を選んだアナタ
絶対気になるし何も解決しない
③を選んだアナタ
ナニ考えてんだ
正解はもちろん

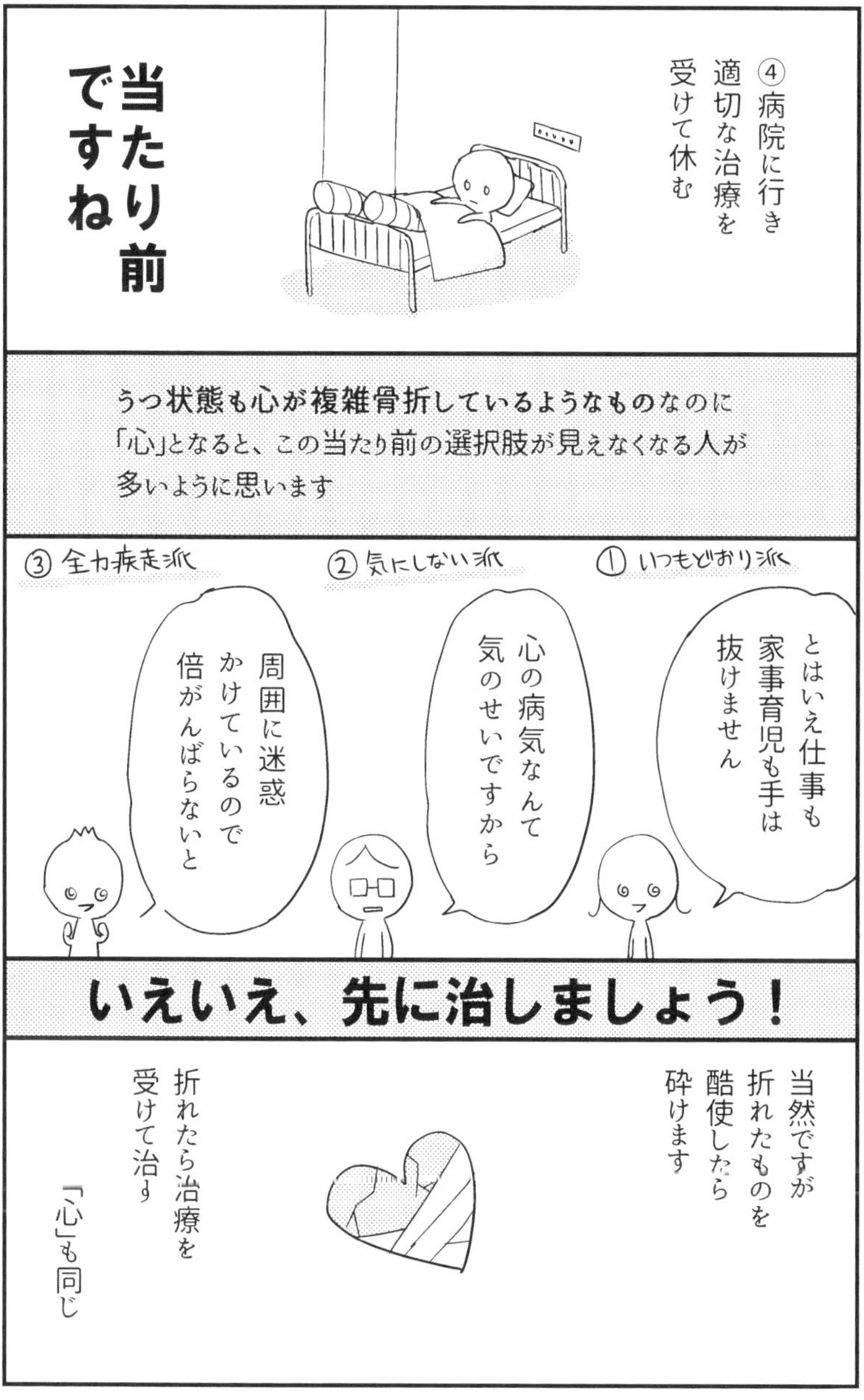
④病院に行き適切な治療を受けて休む
当たり前ですね
うつ状態も心が複雑骨折しているようなものなのに「心」となると、この当たり前の選択肢が見えなくなる人が多いように思います
① いつもどおり派
とはいえ仕事も家事育児も手は抜けません
② 気にしない派
心の病気なんて気のせいですから
③ 全力疾走派
周囲に迷惑かけているので倍がんばらないと
いえいえ、先に治しましょう！
当然ですが折れたものを酷使したら砕けます
折れたら治療を受けて治す
「心」も同じ

オマケコーナー
夫とワタシ①

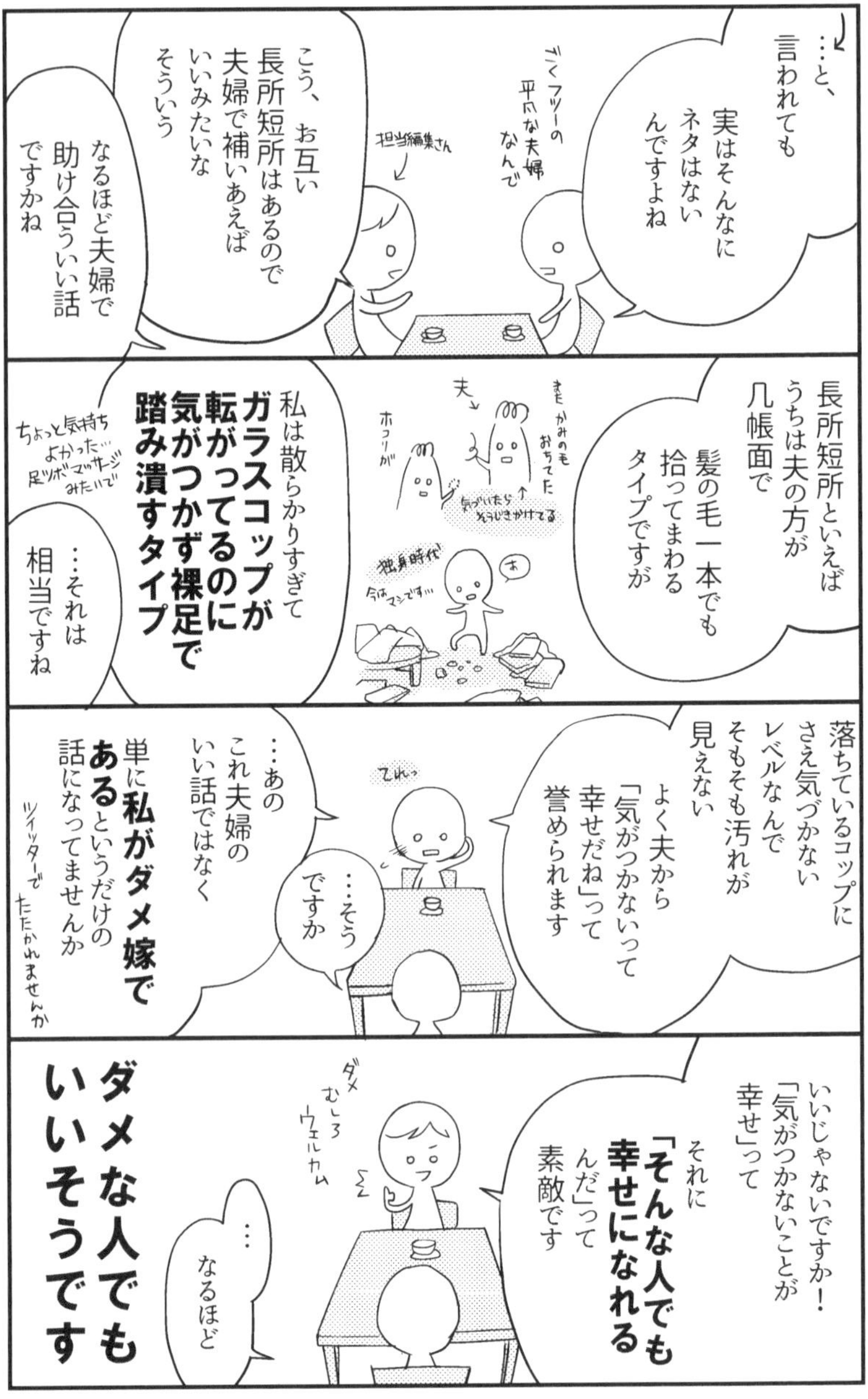

はじめての心療内科

おしえて！ゆうき先生
＜番外編＞

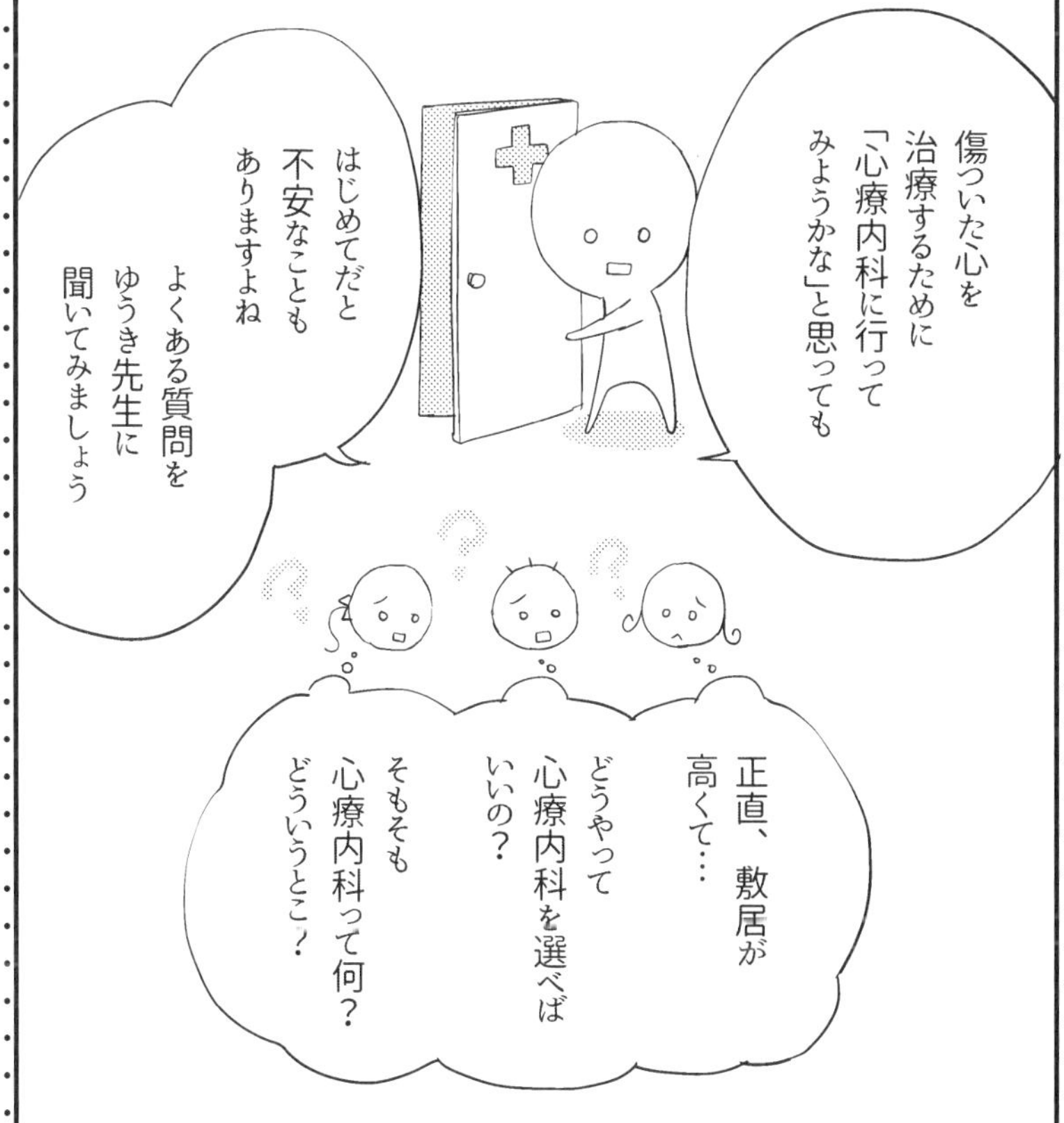

<はじめての心療内科①>

こんなことで電話しても良いの？

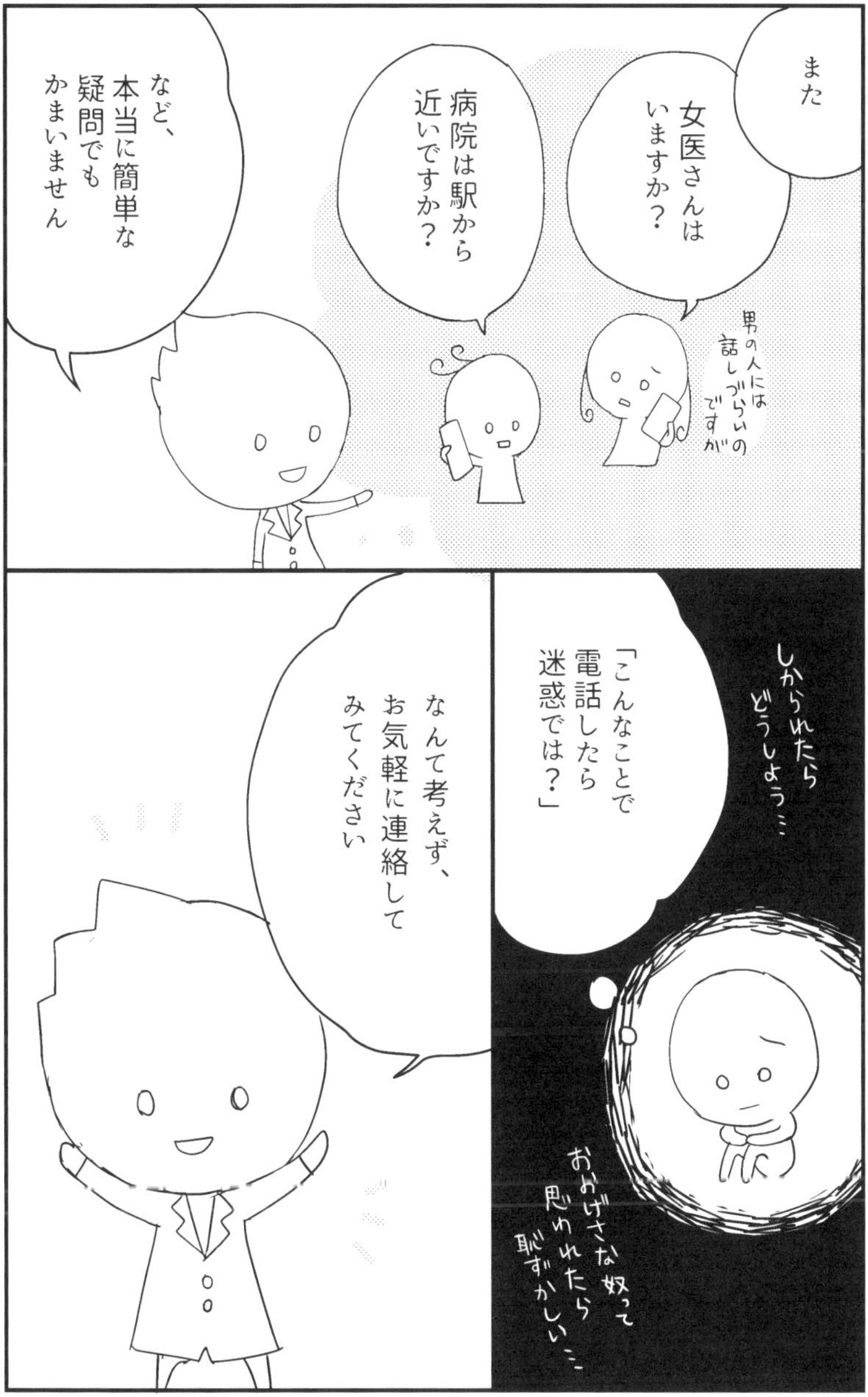

また
女医さんはいますか？
男の人には話しづらいのですが
病院は駅から近いですか？
など、本当に簡単な疑問でもかまいません
しかられたらどうしよう…
「こんなことで電話したら迷惑では？」
おおげさな奴って思われたら恥ずかしい…
なんて考えず、お気軽に連絡してみてください

＜はじめての心療内科②＞

電話で緊張してしまう場合

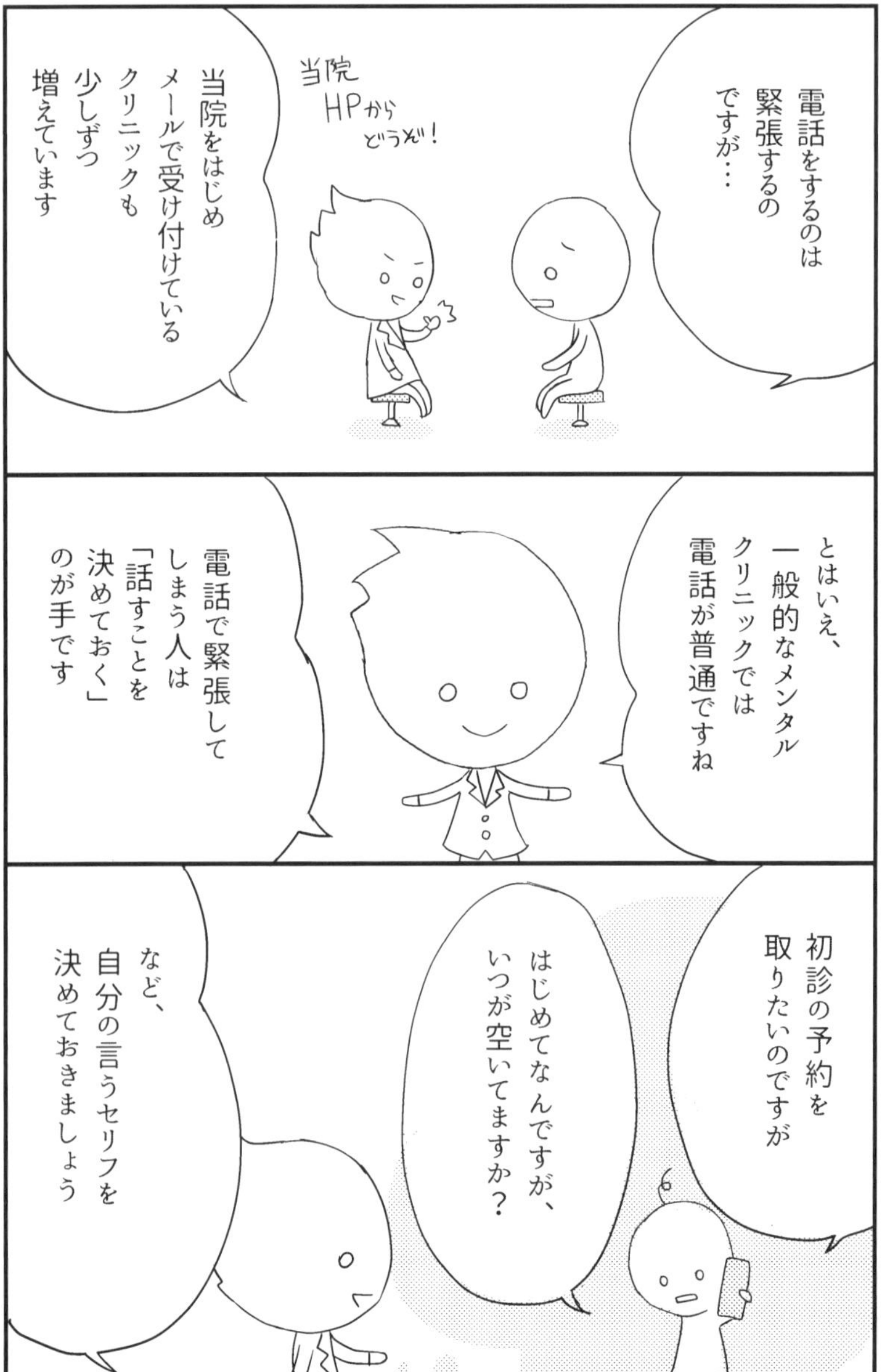

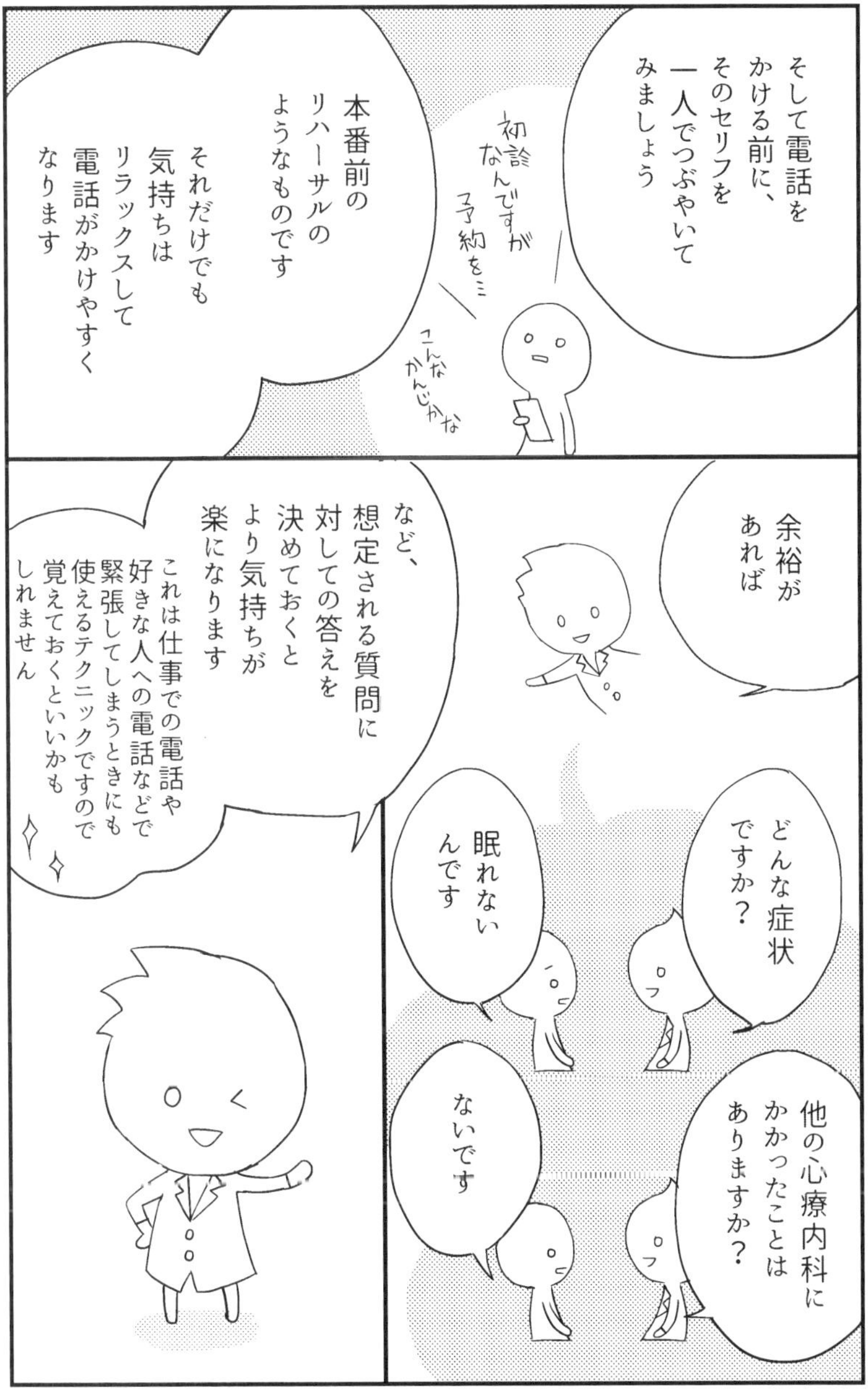
そして電話をかける前に、そのセリフを一人でつぶやいてみましょう
初診なんですが予約を
こんなかんじかな
本番前のリハーサルのようなものです
それだけでも気持ちはリラックスして電話がかけやすくなります
余裕があれば
どんな症状ですか？
眠れないんです
他の心療内科にかかったことはありますか？
ないです
など、想定される質問に対しての答えを決めておくとより気持ちが楽になります
これは仕事での電話や好きな人への電話などで緊張してしまうときにも使えるテクニックですので覚えておくといいかもしれません

過度に緊張する必要はありませんよ
そもそも緊張というのは「自分をよく見せよう」とする場合に起こりやすいと言われています
ぶっちゃけ「心療内科のスタッフに自分(あなた)をよく見せなきゃいけない理由」なんてありません
例えば頭がふらふらで命の危機に瀕しているのに
病院のスタッフにこんな姿見られたくないから、きちんと身体をふいて服をきてヘアーセットに化粧をさせてください！
たおれたのに何言ってんのッ
今、救急車にのせますからっっ
風呂
…と言うようなものです必要ありません
「うまく受け答えしよう」などと思わなくて大丈夫
「用件さえ話せればいい」ので気軽に連絡してみてください

自分にあった心療内科を選ぶには？

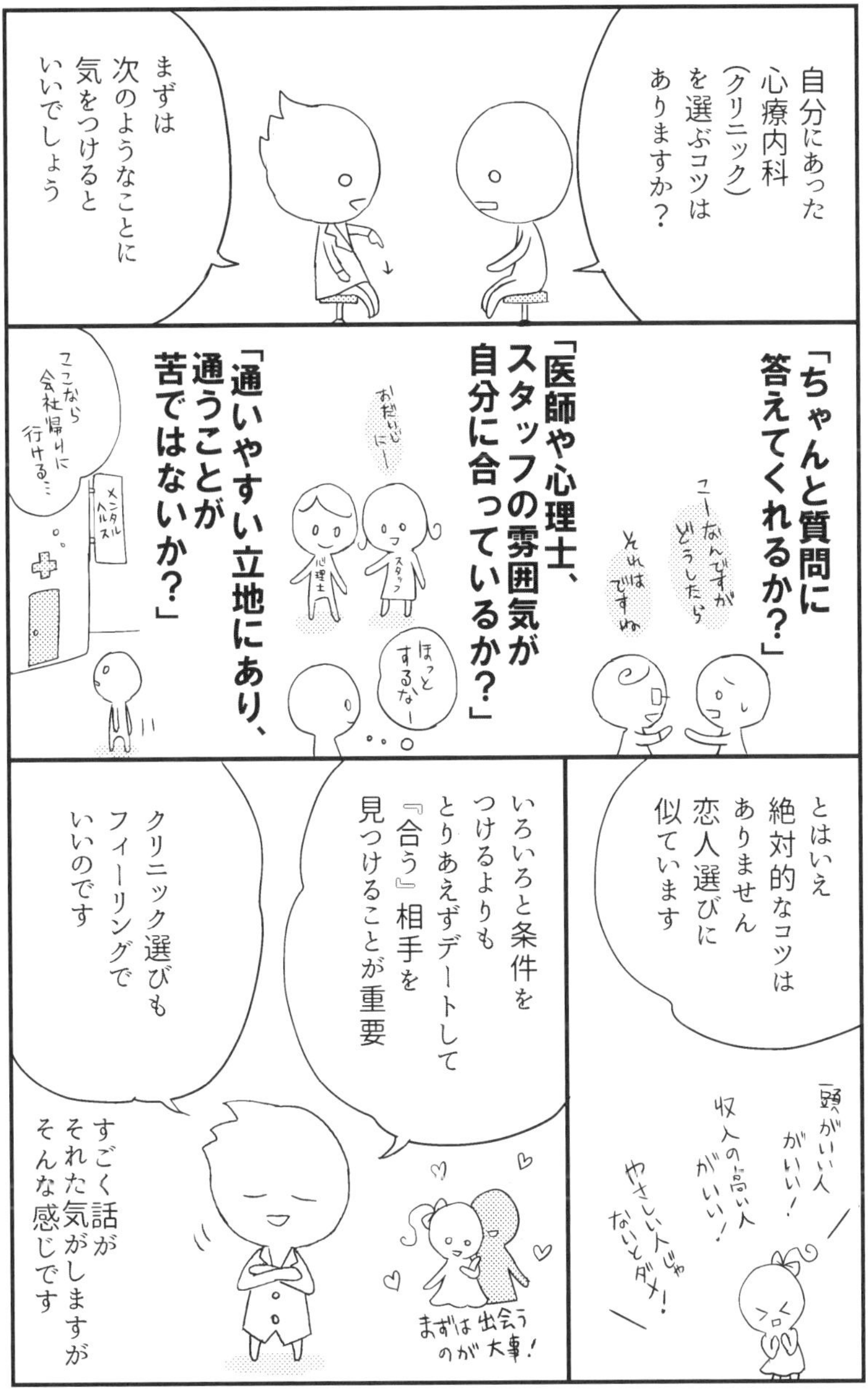

<はじめての心療内科④>

心療内科ってどんなトコ？

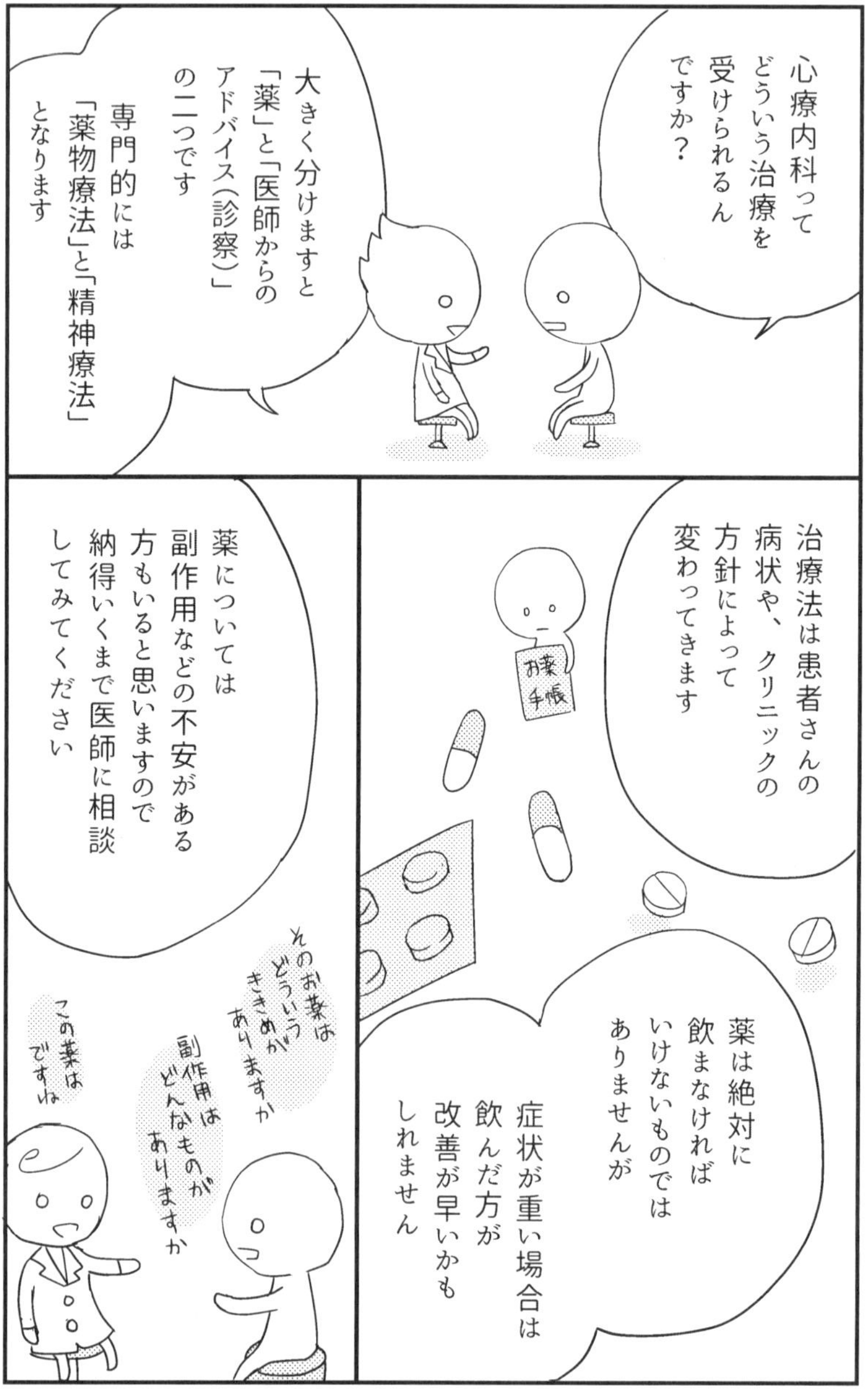

他にも、医師以外の心理士(カウンセラー)が行う「カウンセリング」もあります
今日はどうされましたか
ねむれなくて…
これは心理士の方が30分や1時間などの時間をかけて話を聞き気持ちを楽にしていく治療となります
カウンセリングは行っている所と行っていない所がありますので
電話で確認するといいでしょう
あの、そちらでは
カウンセリングやってますか
ところで心療内科と精神科ってどう違うんですか？
ものすごく厳密に言いますと
心療内科は中に『内科』という言葉が入っているとおり内科の一分野です
ストレスで胃腸炎
ストレスで過食して
体調をくずした
などなど
「心のストレスから生じた内科的な疾患を治すための科」となります

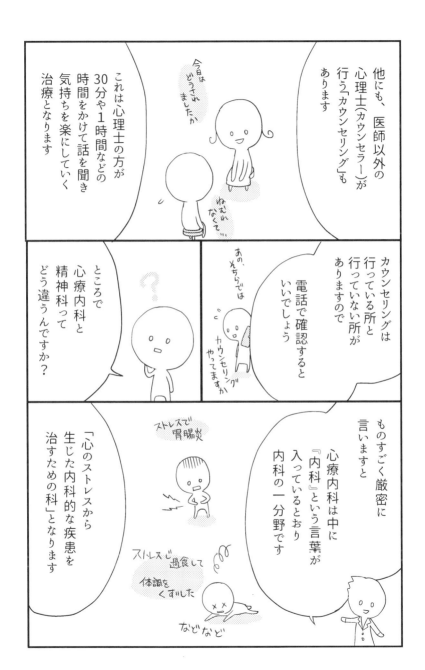

「精神科」とは「心の問題全般を扱う科」となります
不安とか イライラとか
幻覚とか 幻聴とか
ただ実際 心療内科と精神科の区別はかなりあいまいになってしまっているのも事実です
おそらく一般的には「心療内科＝ソフトな精神科」とイメージする方も多いでしょう
多くのメンタルクリニックは「心療内科・精神科」と両方を標榜《ひょうぼう》しています
心療内科 精神科
療内科 内科
「心療内科・内科」とだけ書いてあるクリニックは内科出身の先生が診察をしている可能性もあります
そのため純粋なうつ病などの場合「心療内科・精神科」と標榜しているかまたは「メンタルクリニック」と名乗っているクリニックを受診することをオススメします
心療内科・精神科
メンタルクリニック

＜はじめての心療内科⑤＞

ゆうき先生からのアドバイス

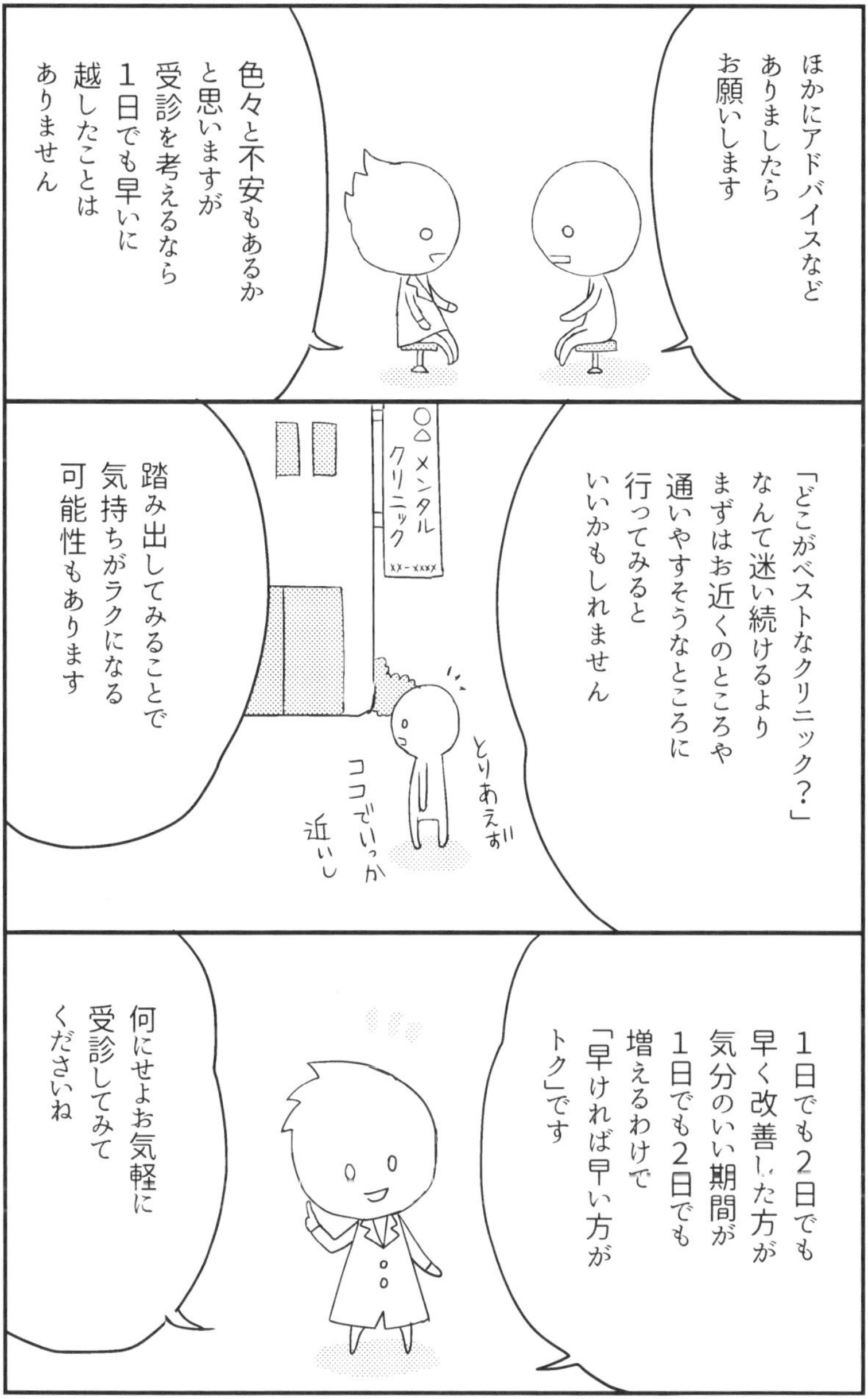

Q 心療内科やメンタルクリニックはどの段階で行けばいいのですか？

A

答えは簡単です。

「困ったとき」です。

日常生活で支障が出るのなら、なるべく早く受診することが大切です。

とはいえ「困っているかどうかが分からない」という人もいるでしょうから、具体的な基準をあげてみましょう。

①眠れない

うつの代表的な症状として、不眠があります。

ベッドに入って1時間たっても眠れない状態が1週間以上続いたら、要注意です。

②食欲がわかない

うつになると、食欲が低下することが多くなります。

好きな料理を目の前にしても食べたいと思わない、また何を食べてもおいしくない、という場合は要注意です。

③仕事に行きたくない

仕事に行きたくないという気持ちは誰にでも多かれ少なかれあるかもしれません。

しかし、会社に行く日の朝が憂鬱で仕方なかったり、吐き気のような症状が出たりするなら、それはうつの症状の可能性大です。

④好きなことや趣味が楽しく思えない

人間は嫌なことがあっても、好きなことや趣味を楽しむことで嫌なことを忘れ、「明日からまた頑張ろう」と思うことができます。

しかし、うつになると、今まで楽しかったことや趣味を楽しいと感じなくなります。

今まで好きでたまらなかったことが、面倒に思ったり、楽しくなくなってきたら要注意です。

⑤死について考えることが増えてきた

死について頻繁に考えるようになるのも、うつの症状のひとつです。

ベランダに出ると「ここから飛び降りたら…？」

包丁を見ると「これを刺したら…？」

なんて考えが頭をよぎる。

もちろん実行したら大変なことになりますが、そういう思考をしてしまうこと自体、うつの始まりでもあるのです。

この本の冒頭や64ページ（「先のことは考えない」）で「このまま

メンタルクリニック
とりあえず行きやすい病院に

線路に飛び降りたら……」と考えているのもまさしくこの症状です。

以上の5点のうち、3つ以上が当てはまるなら、心療内科に行ったほうがよいでしょう。

1つや2つしかあてはまらなかった人でも、それが1か月以上続いているなら、心療内科の受診を考えてみてもいいかもしれません。

また心療内科を受診すると決めたのはいいけれど、「どこがいいか分からない」という方も多々います。

個人的には、

「どこでもいいから、早く行くこと」を勧めます。

もちろん、当たり外れや、いい悪いもあるかもしれませんが、それを考えていたらキリがありません。

たとえば大けがをして、救急車で運ばれているときに、「待ってください！　一番いい救急病院に連れていってください！　あ、そこじゃイヤ！　もっと名医がいるところに！」なんて人はいませんよね。

とにかく「どこでもいいので受診すること」
1日でも早く心を治してあげることが何より大切です。

通いやすい場所というのも十分な理由になります。

特にメンタルクリニックは、予約が取りにくいところも多々あります。

手当たり次第に電話をしてみて、「直近の予約が取れたところ」で決めてもいいかもしれません。

一度訪ねて「合わない」と思ったら、他のクリニックを検討すればいいのです。

ちなみにどこもなければ、ゆうメンタルクリニックもオススメです（控えめなつもりのCMですのでご了承ください）。
何にせよ、お気軽に受診を考えてみていただければ幸いです。

オマケコーナー

夫とワタシ②

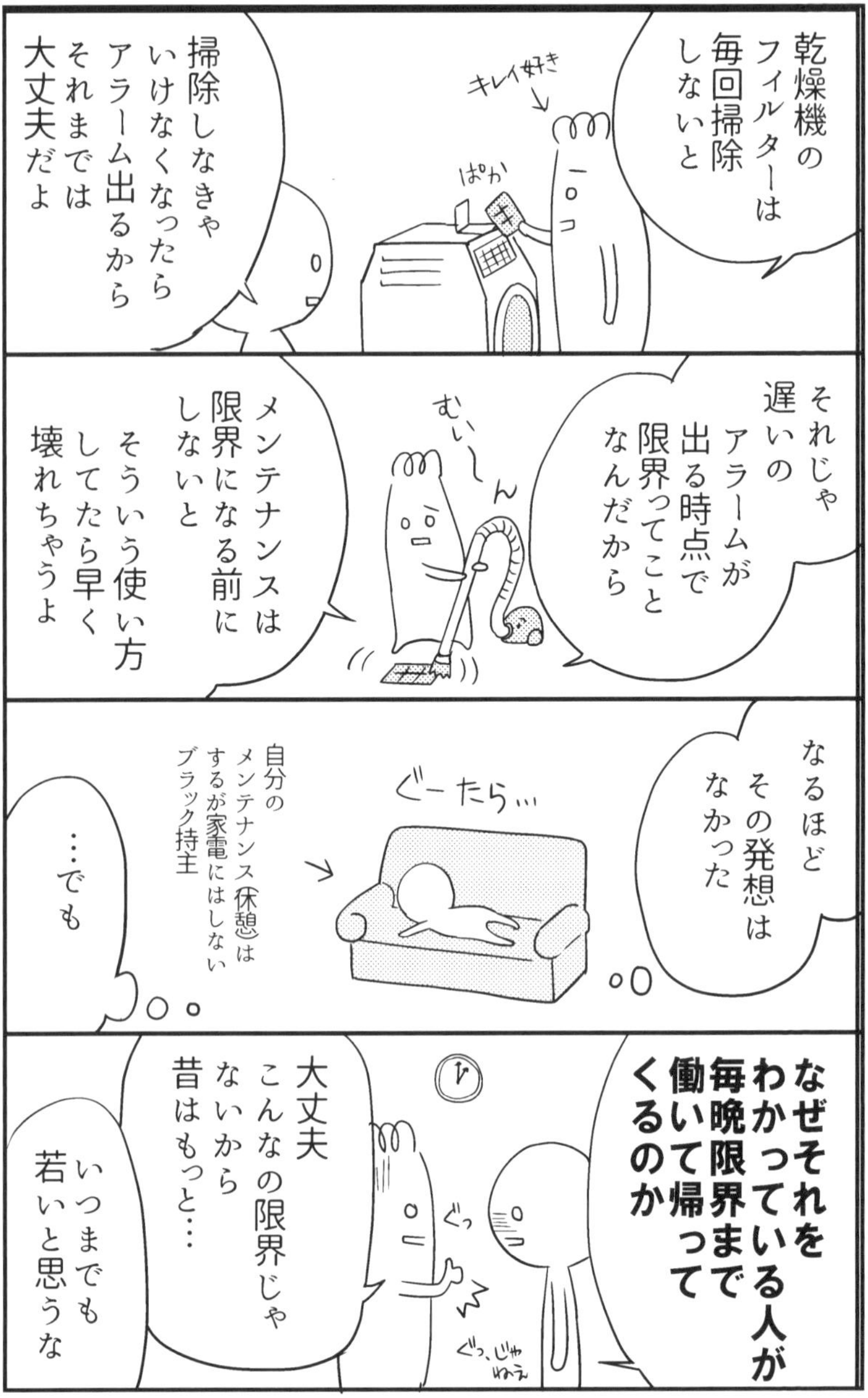

第4章

自分の人生を生きるために

ハンドル

君の運転する車には
むぃ〜ん
いろんな人が乗り込んでくる
そして勝手なことを言う
そっちは危ない!
右だ
左
運転ヘタすぎ!
代われ!
止まれ!
進め!
そっちじゃない!!
え?え?
右?左?
バカちがう
私の言うとおりにしなさい!
止まるの?進むの?
右だと思うけど…
左だ!
え?
左…?
ガチャン!

そら見ろ 事故った！
だから右って言ったのに！
左って言ったじゃん
おまえのせいだ！
だって左って言われた
そいつが悪い
おまえのせいだ！
ちがう
ちがわない
君のせいだ
だって
君が握ってるものは何
…
ハンドル
そのハンドルは君だけのもの
誰が何と言ったって他人にはさわれない
だから
ここまで君が来た道は君が選んだ道
だからこそ
…
ここから君が行く道だってすべて君が選べるんだ

判断力があっても辞められない理由《ワケ》

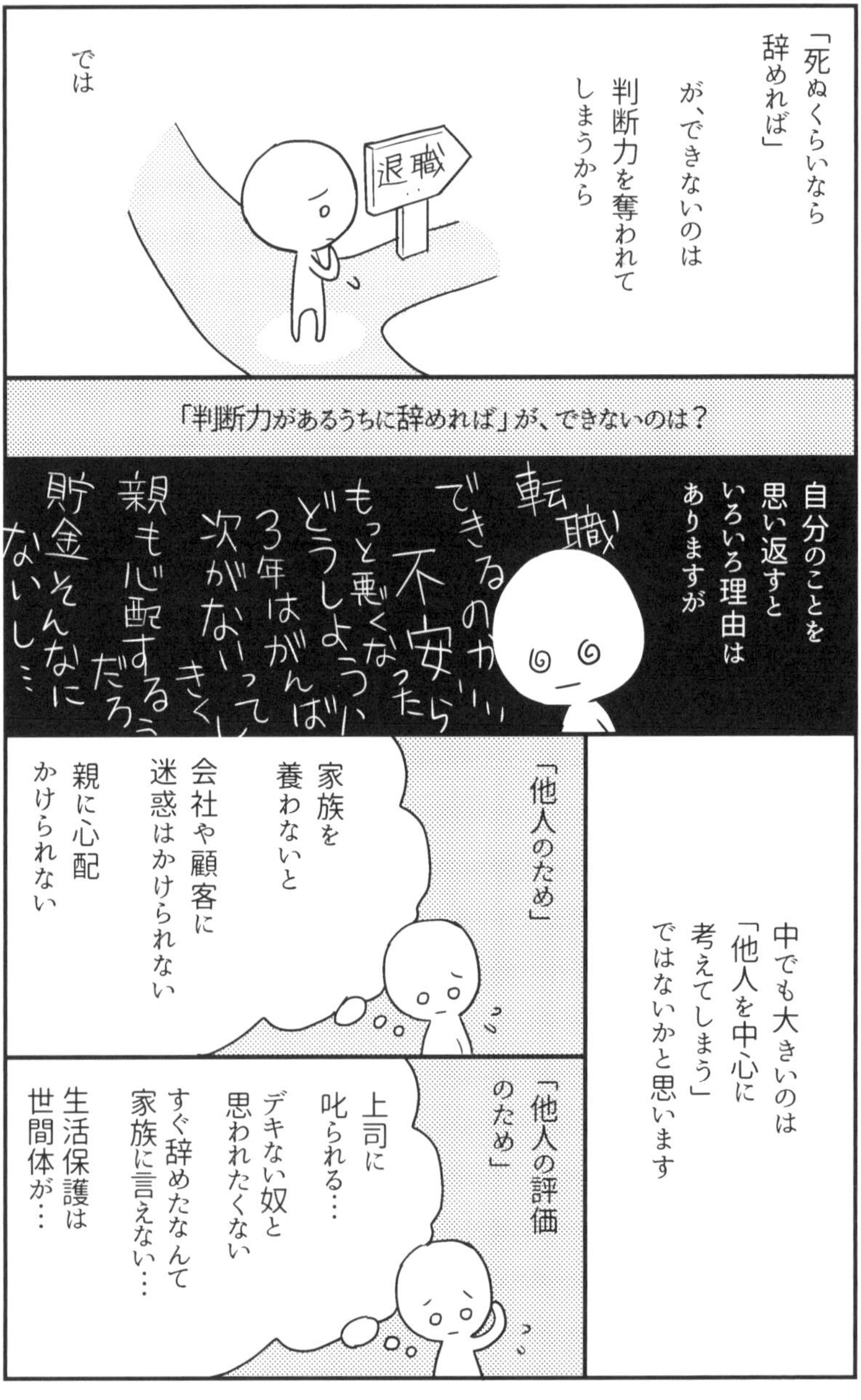

人を優先して
自分の身体や心を
後回しにしている
うちに
手遅れになって
しまうのでは
ないでしょうか
人のことを
考えるのは
素晴らしいと
思います
家族…
上司や同僚…
ひそひそ
…
人目が気になるのも
人間なら当たり前の
ことだと思います
でも、そのために
「命を落としてもいい」と
本気で思う人はいないはず
「自分の命と人生を
最優先に考える」
それができれば
死ぬまでがんばって
しまうことは
なくなるんじゃ
ないでしょうか

自分の身は自分で守る

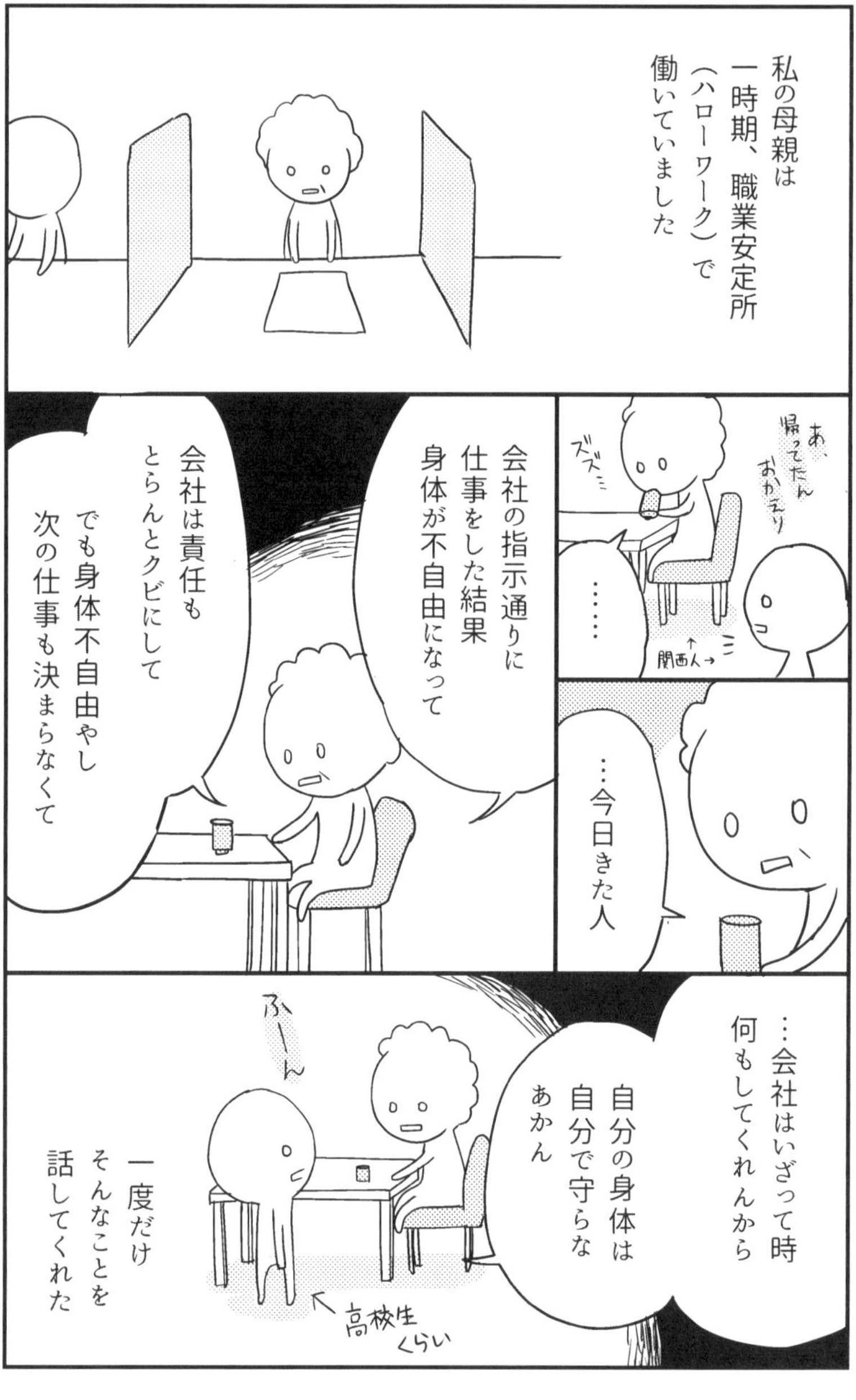
私の母親は
一時期、職業安定所（ハローワーク）で
働いていました
あ、帰ってたん
おかえり
ズズ…
……
関西人→
…今日きた人
会社の指示通りに
仕事をした結果
身体が不自由になって
会社は責任も
とらんとクビにして
でも身体不自由やし
次の仕事も決まらなくて
…会社はいざって時
何もしてくれんから
自分の身体は
自分で守らな
あかん
ふーん
一度だけ
そんなことを
話してくれた
高校生
くらい

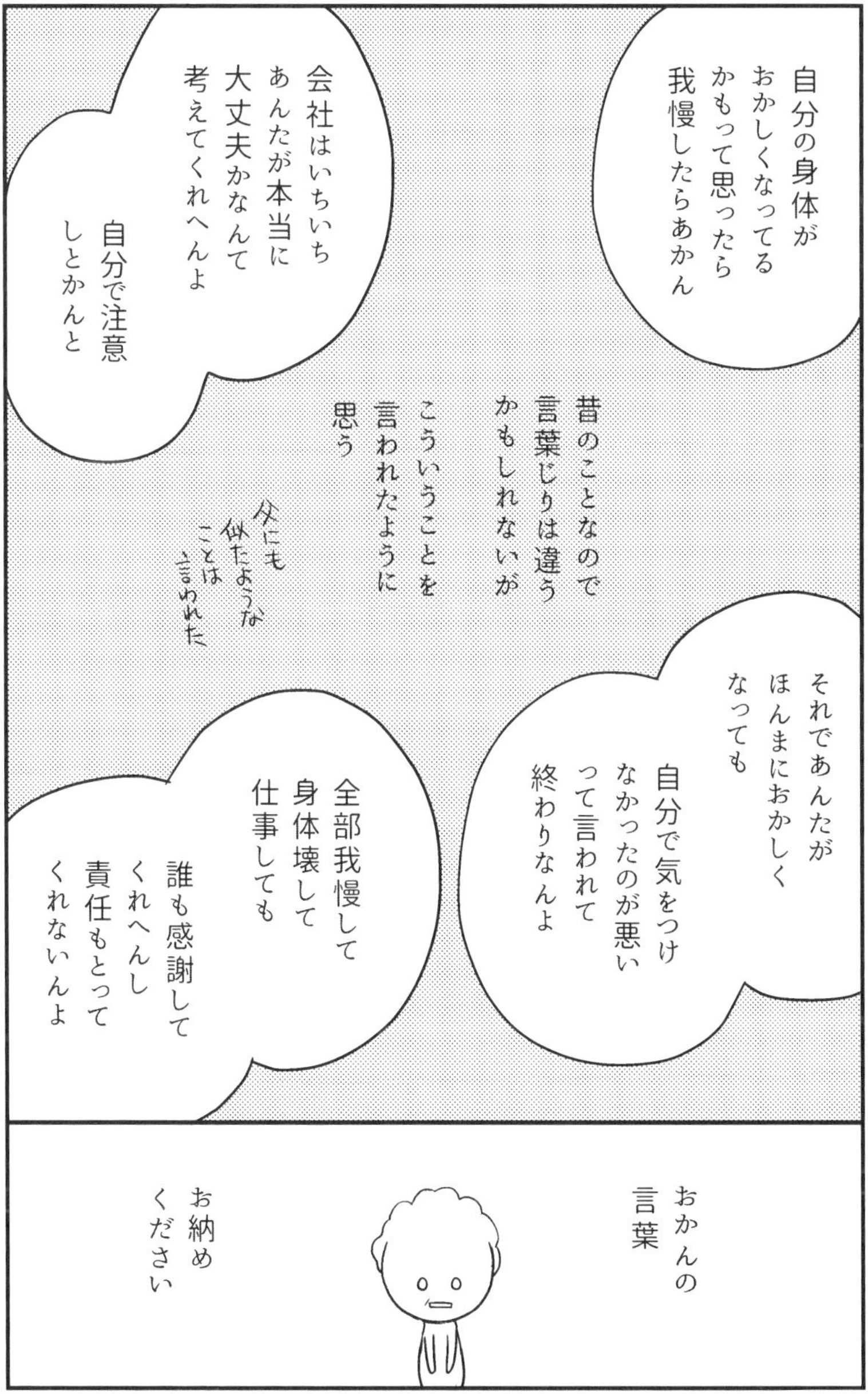
自分の身体がおかしくなってるかもって思ったら我慢したらあかん
会社はいちいちあんたが本当に大丈夫かなんて考えてくれへんよ
自分で注意しとかんと
昔のことなので言葉じりは違うかもしれないがこういうことを言われたように思う
父にも似たようなことは言われた
それであんたがほんまにおかしくなっても
自分で気をつけなかったのが悪いって言われて終わりなんよ
全部我慢して身体壊して仕事しても
誰も感謝してくれへんし責任もとってくれないんよ
おかんの言葉
お納めください

何にしがみついてきたんだろう

残業三昧の日々
あるとき駅で
えき
見たコト
ある人が…
？
幼馴染《おさななじみ》に
出会いました
互いの近況を
話し合うと
は？
毎晩帰りが深夜？
なにそれ？
どんだけ仕事の
要領悪いの？
馬鹿じゃないの？
？
？
けんじつで
ゆうしゅうな
友だち
いや、要領とか
そういう問題じゃ
なくて！
とにかくもうずっと
仕事があって、自分の仕
終わっても夜10時前に退
しようとすると叱られて
他の社員の仕事をずっと
手伝わないと、
朝イチまで
深夜まで時
辞めればいいじゃん
スパッ
必死！
…エ？
なんで
そんな会社
勤めてんの？
辞めれば
いいじゃん
馬鹿じゃ
ないの？
…エ？

なんでって…。
内定とれた会社の
一番マシだったし
転職たって、この
どの会社に行って
良い会社に行
とても思えない
就活すごく大変だっ
またアレをゼロ
やりなおすな
そんなの嫌
…そっか？
そーだよ
……
そっか
このとき自分でも意外なほど素直に「そっか」と思えた
こんなもの…どうにでもなるのかも…
今の地獄に比べれば…
転職
内定
不安
必死でしがみついていたものが急にどうでもいいものに思えた
「辞めればいい」頭では知っていても、現実には考えられない選択肢でした
そんなトコで何してんの？
辞める
出口あるのに
友人のこの言葉ではじめて「辞めること」が「現状を一気に解決する方法」であることに気がつけたのだと思います
転職
不安
しんどい
つらい
残業
深夜

そっちは本当に「前」なのか

JASRAC 出 1702815-701

その石に意志はあるのか

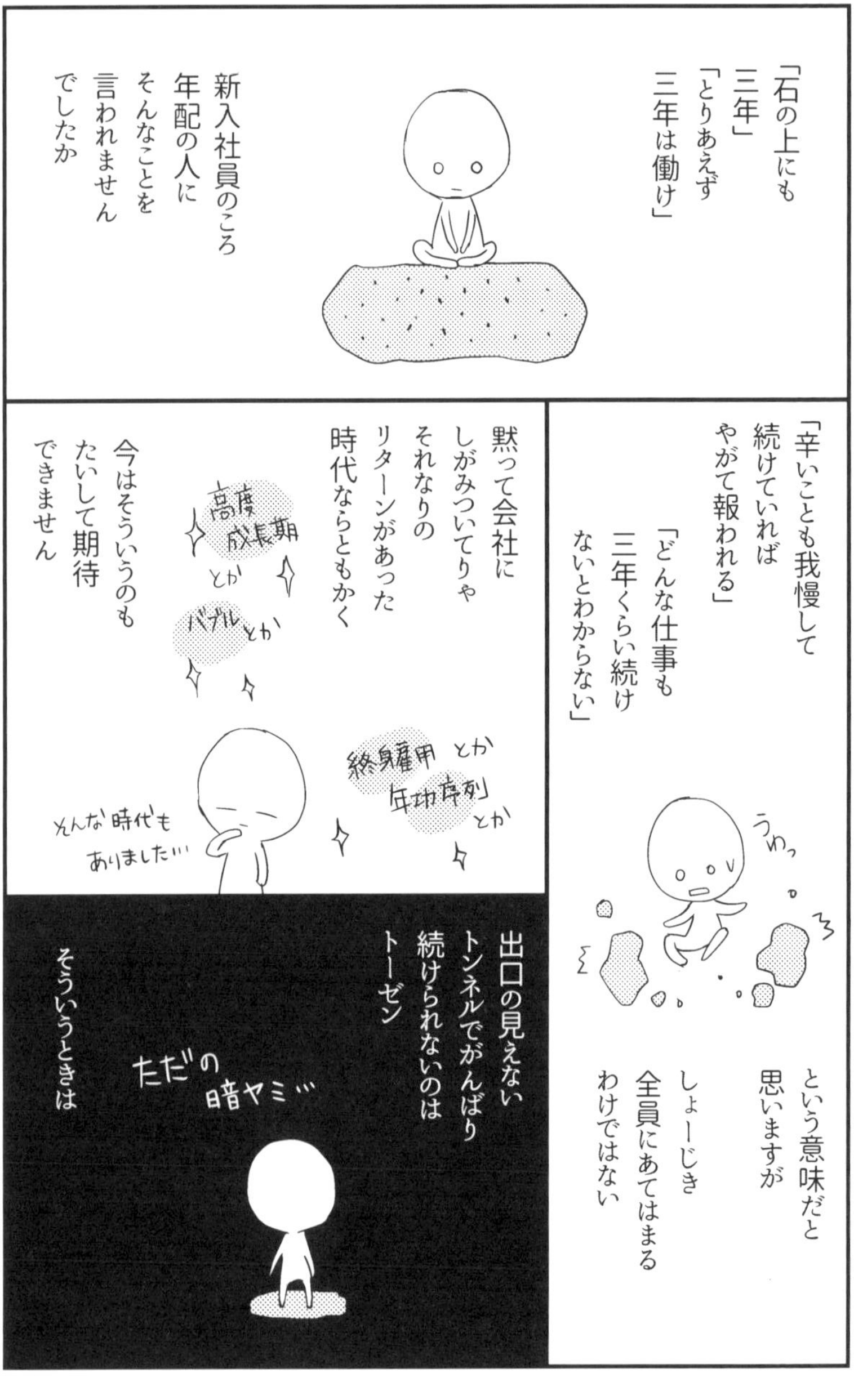

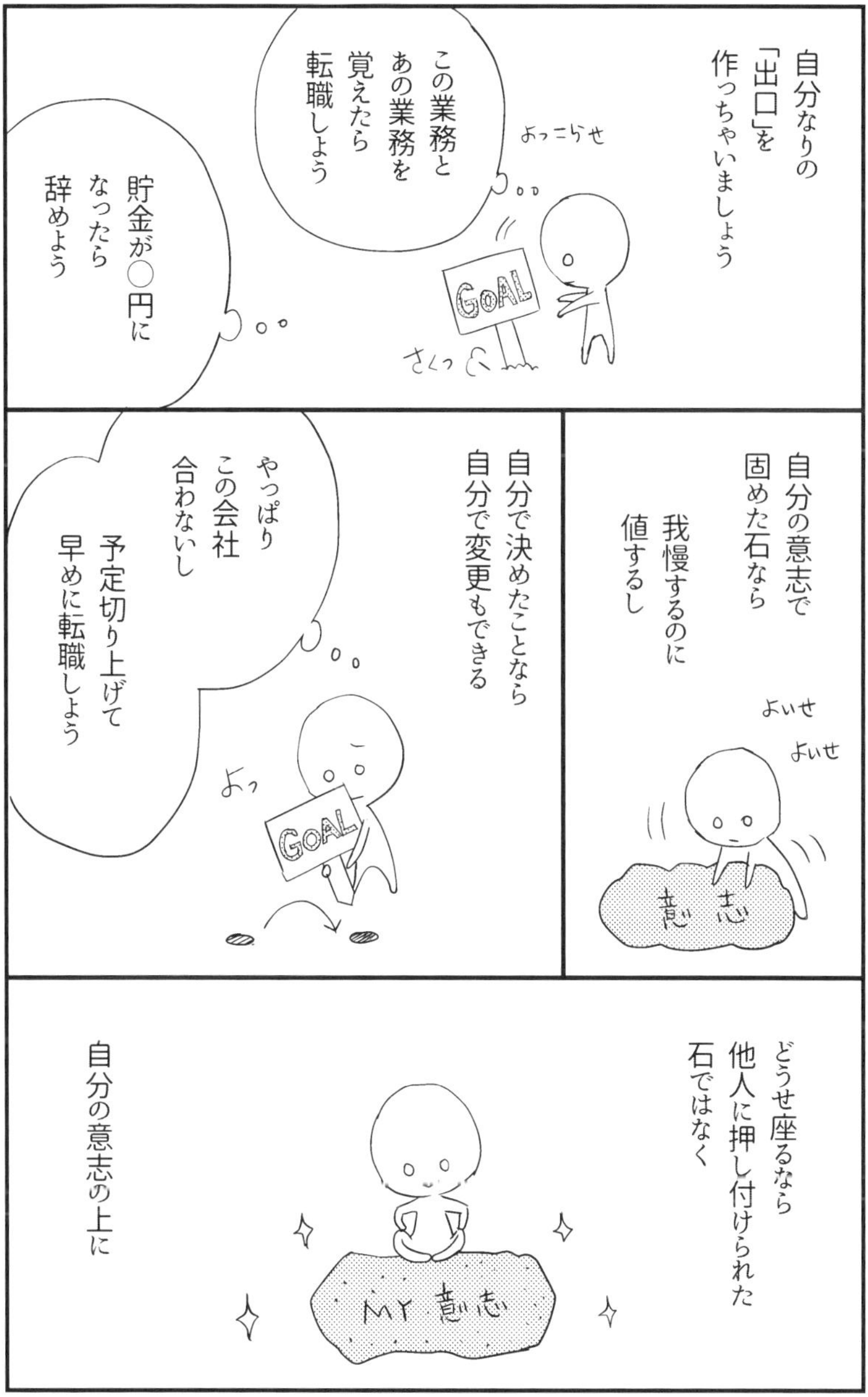
自分なりの「出口」を作っちゃいましょう
よっこらせ
この業務とあの業務を覚えたら転職しよう
貯金が○円になったら辞めよう
GOAL
さくっ
自分の意志で固めた石なら
我慢するのに値するし
よいせ
よいせ
意志
自分で決めたことなら自分で変更もできる
やっぱりこの会社合わないし
予定切り上げて早めに転職しよう
よっ
GOAL
どうせ座るなら他人に押し付けられた石ではなく
自分の意志の上に
MY 意志

「ねたむ」より「うらやむ」

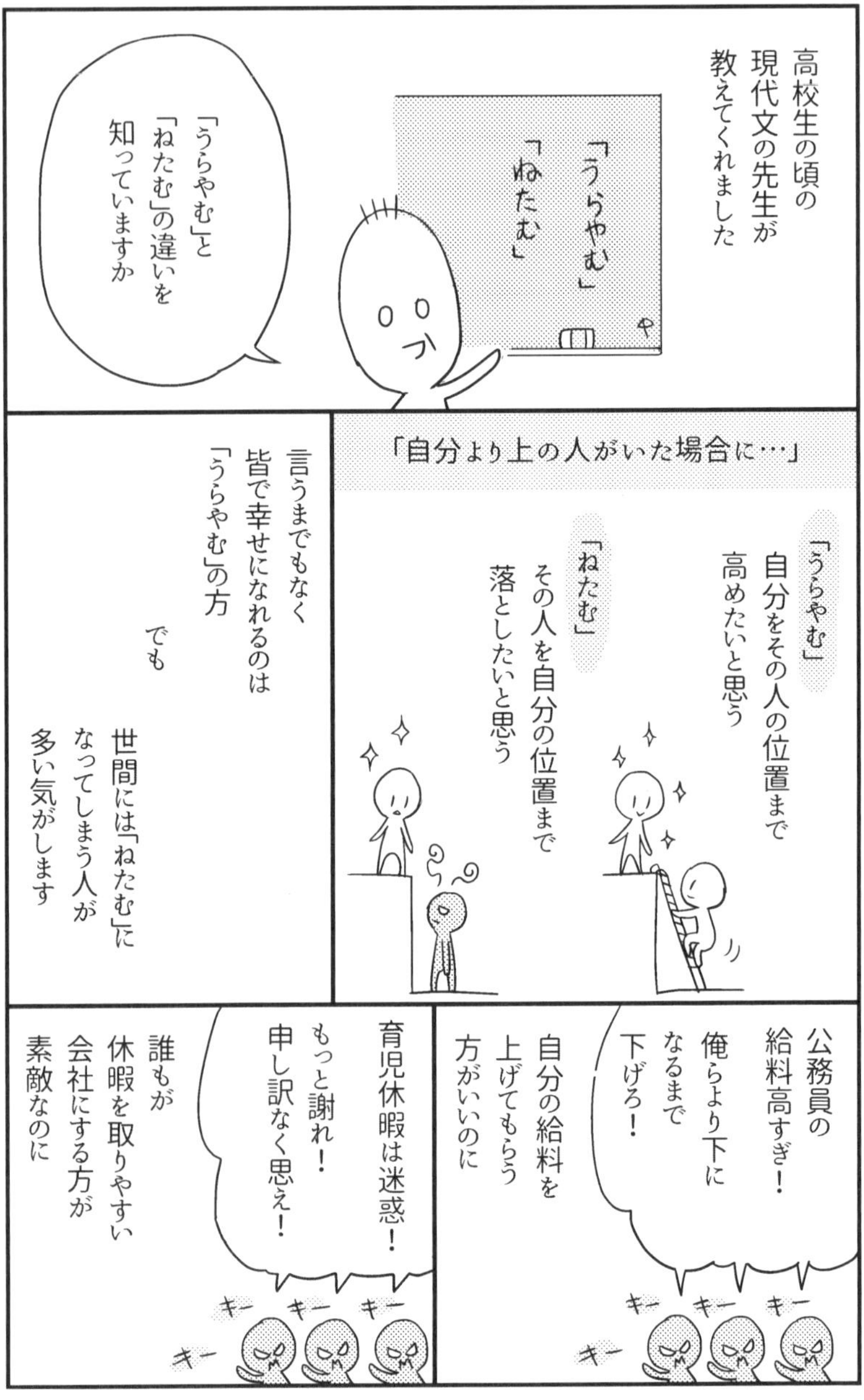
高校生の頃の
現代文の先生が
教えてくれました
「うらやむ」
「ねたむ」
「うらやむ」と
「ねたむ」の違いを
知っていますか
「自分より上の人がいた場合に…」
「うらやむ」
自分をその人の位置まで
高めたいと思う
「ねたむ」
その人を自分の位置まで
落としたいと思う
言うまでもなく
皆で幸せになれるのは
「うらやむ」の方
でも
世間には「ねたむ」に
なってしまう人が
多い気がします
公務員の
給料高すぎ！
俺らより下に
なるまで
下げろ！
キー
キー
キー
キー
自分の給料を
上げてもらう
方がいいのに
育児休暇は迷惑！
もっと謝れ！
申し訳なく思え！
キー
キー
キー
キー
誰もが
休暇を取りやすい
会社にする方が
素敵なのに

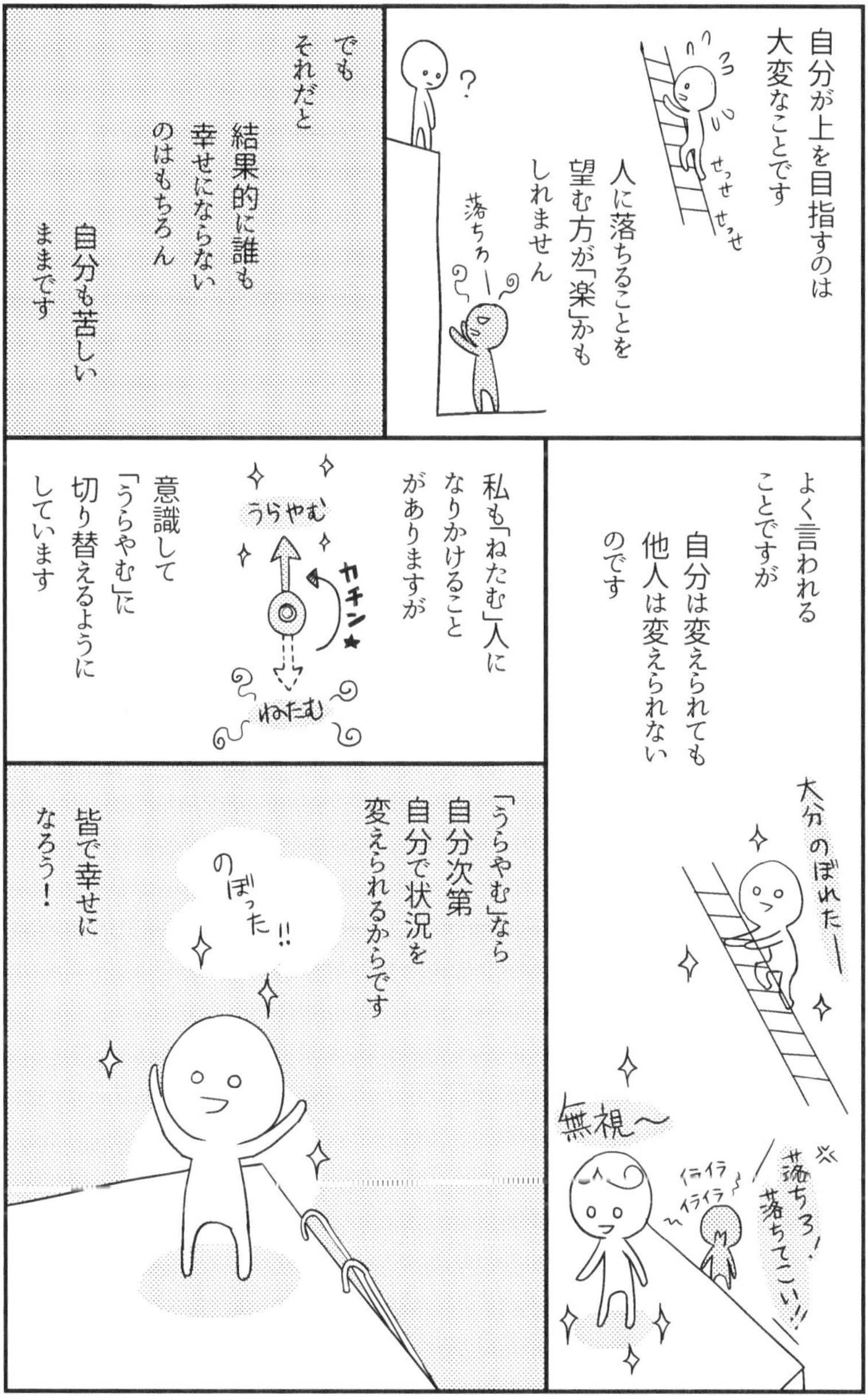

自分が上を目指すのは大変なことです
せっせ せっせ
?
人に落ちることを望む方が「楽」かもしれません
落ちろー
でもそれだと
結果的に誰も幸せにならないのはもちろん
自分も苦しいままです
よく言われることですが
自分は変えられても他人は変えられないのです
大分のぼれたー
無視～
イライラ イライラ
※落ちろ! 落ちてこい!!
私も「ねたむ」人になりかけることがありますが
うらやむ
カチン★
ねたむ
意識して「うらやむ」に切り替えるようにしています
「うらやむ」なら自分次第自分で状況を変えられるからです
のぼった!!
皆で幸せになろう!

俺がやらねば誰「か」やる

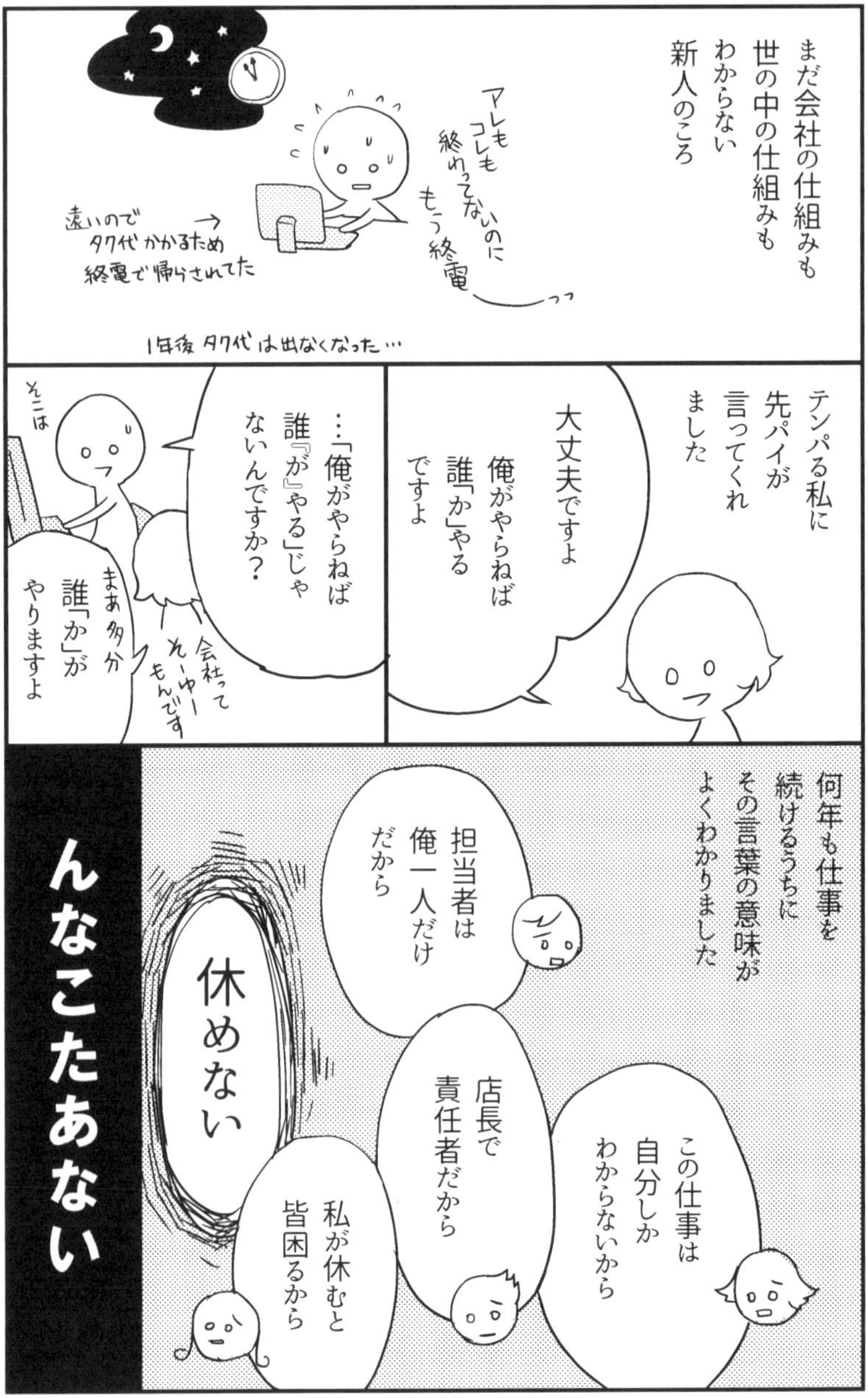
まだ会社の仕組みも
世の中の仕組みも
わからない
新人のころ
アレもコレも終わってないのに
もう終電
遠いので
タク代かかるため
終電で帰らされてた
1年後 タク代は出なくなった…
テンパる私に
先パイが
言ってくれ
ました
大丈夫ですよ
俺がやらねば
誰「か」やる
ですよ
…「俺がやらねば
誰『が』やる」じゃ
ないんですか？
そこは
まあ多分
誰「か」が
やりますよ
会社って
そーゆー
もんです
んなこたあない
何年も仕事を
続けるうちに
その言葉の意味が
よくわかりました
担当者は
俺一人だけ
だから
休めない
店長で
責任者だから
この仕事は
自分しか
わからないから
私が休むと
皆困るから

会社というのは
誰かが欠けても
動くように
なっています
なっていないなら
それは会社側の問題
誰かコケても
コケッ
大丈夫でないと
いけない
一国の首相や
大統領でさえ
替えがきく
「仕事上の立場」
なんて
そんなもの
あなたが
首相や
大統領より
スゴイ人で
ないなら
インフルとかで休むと
よくわかります
なんとかなる
気にせず
休めばいい
でも気にしてしまう人は
普段から準備しておくと
休みやすいかもしれない
そういう考え方のない会社でも
個人が休むためというより
会社全体のリスク管理として
提案実践してもいいと
思います
☆情報共有
グループメールやCC
クラウドシステムや
共有サーバの活用
☆資料や進捗状況の整理
誰が見てもわかる
ようにしておく
☆人間関係の構築
ふだんから相談したりして
助け合いができるような
関係をつくっておく

替えのきかないもの

「仕事上の立場は替えがきく」と言いましたが
替えのきかないものも存在します
あなたが誰かの息子や娘であり
誰かの父親や母親であること
誰かの夫や妻であり
誰かの兄弟や姉妹であること
誰かの孫や祖父母であり
誰かの恋人であり誰かの友人であること
これらは絶対に替えがききません

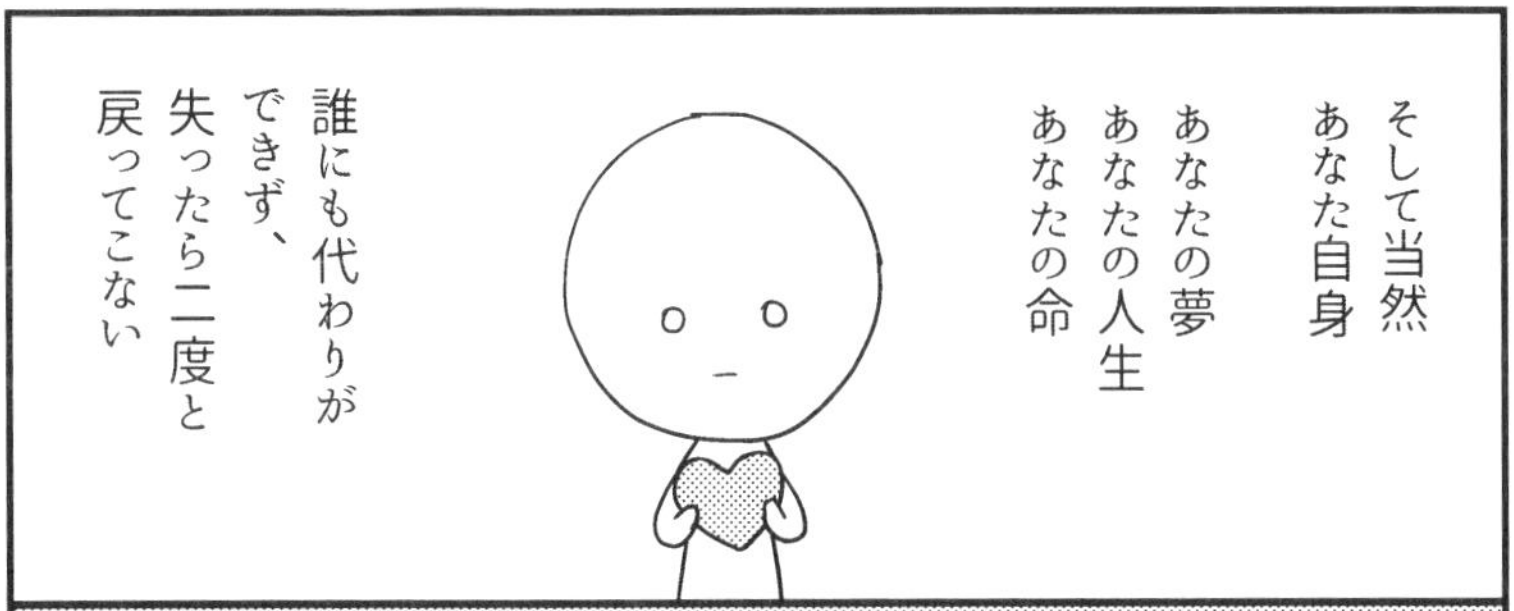

あなたの人生は広く多彩です

Q 追いつめられるとなんで「死ぬくらいなら会社辞めれば」ができないの？

A

心理学の有名な概念に「学習性無力感」と呼ばれるものがあります。

これは長期間、人間や動物がストレスを受け続けると、その状況から逃げ出そうとする努力すら行わなくなるという現象です。

よくサーカスの象の例が引き合いに出されます。

サーカスの象は足首に紐をくくられ、地面にさした杭とつながれています。

象は力が強いので、杭ごと引っこ抜いて逃げ出すことができます。しかし、サーカスの象はおとなしく、暴れたり逃げ出そうとしたりしません。なぜでしょうか。

サーカスの象は、小さいころから足に紐をくくられ杭につながれて育ちます。小さい象の力では当然杭は抜けません。つまり、小さ

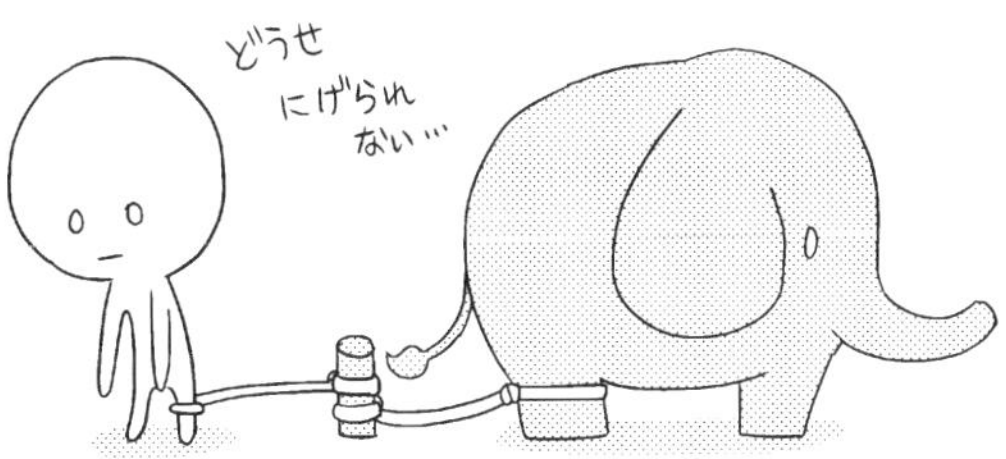

いうちに、「抵抗してもムダ」ということをインプットしてしまうため、大きくなれば簡単に杭を抜いて逃げることができるのに、小さいころの「ムダだ」という無力感を学習したことで、「逃げる」という発想がなくなってしまったのです。

これは人間にも当てはまります。

この本の冒頭にあるように、世界は本当に広いです。人生にはたくさんの選択肢が存在します。

しかし、ずっと杭につながれていた象が杭を抜いて逃げ出そうとしないように、**人間も過度のストレスを受け続けると、逃げ出すという選択肢が見えなくなるのです。**

また、選択肢が見えていたとしても、「辞める」という決断ができない人もいます。

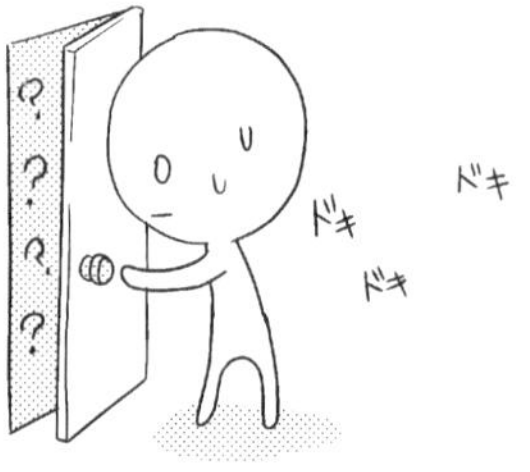

「辞める」決断ができない人のお話を聴いていると、その大きな理由のひとつに、「辞めた後の生活が想像つかない」というのがあります。

たとえば学生のとき、「転校」や「進学」によって環境が変わることは、すごく緊張したはずです。

「どんな先生がいるのかな……」

「雰囲気になじめなかったらどうしよう……」

「どんな友達がいるのかな……」

「そもそも友達できるかな……」

「もしイジメにあったら……」

たくさんの不安や心配が湧き上がったことでしょう。

新しい環境、つまり未知の世界に不安を抱くのは当然です。

これは大人も同じです。

「辞める」決断をして、新たな環境を選んだとしても、その新たな環境が必ず「より良い環境」とは限りません。

そんな決断をした先にある不安があるからこそ、「辞める」という決断がしづらくなるのです。

このように「辞める」選択肢が自分の中にあっても、不安があることで決断できずにいる人が、過度のストレスによりどんどん追いつめられ、選択肢があったことすらわからなくなり、「もう何もできないから、死ぬしかない」なんて考えてしまうこともあります。

個人的には「辞める」勇気が出ないなら、「まずは休んでみる」のもひとつの選択肢ではないかと思います。

またはメンタルクリニックで、うつの診断テストを受けてみたり、話を聞いてもらったりしてみるのもひとつの手です。

もし休むことができたら、そのときに、新たな環境になりそうな職場について調べてみるといいでしょう。118ページの「Yさんの場合」のように転職エージェントに登録してみるのもいいです。

そして「あぁ、こんな職場なら、楽しいかも」「こんな仕事やってみたかった」と思うことができれば、「職場が変わることへの不安」も解消されるでしょう。

また休んでいるあいだに、会社が職務内容や環境を調整してくれて、その結果、今の職場で働きやすくなることだってあります。

少し余談ではありますが、僕は小学生のときに、東京の学校から長野県の学校に転校したことがあります。

転校先は「裸足」で過ごすことが多い学校でした。

教育方針で、裸足で外に出て運動をしたりするのです。

当然、素足で外から戻って教室に入るとき、足を水道で洗います。

すると、床に足跡がつき、友達から、こう言われたのです。
「お前、土踏まず、ないのな!」
その瞬間、僕は自分自身が「扁平足《へんぺいそく》」であることに気づきました。土踏まずがなく、足の裏が真っ平らだったのです。とはいっても、人生に影響はないのですが、それでも「友人と違う」ことに初めて気がつき、衝撃をうけました。長野に転校していなければ、一生気がつかなかったかもしれません。

このように、環境を変えることで初めて気づくこと、見えてくるものがあります。
会社で異動願いを出して運よく部署異動させてもらえればいいですが、その可能性が低そうであれば、**「休む」や「辞める」の選択肢が見えているうちに行動してみてはいかがでしょうか。**

オマケコーナー　夫とワタシ③

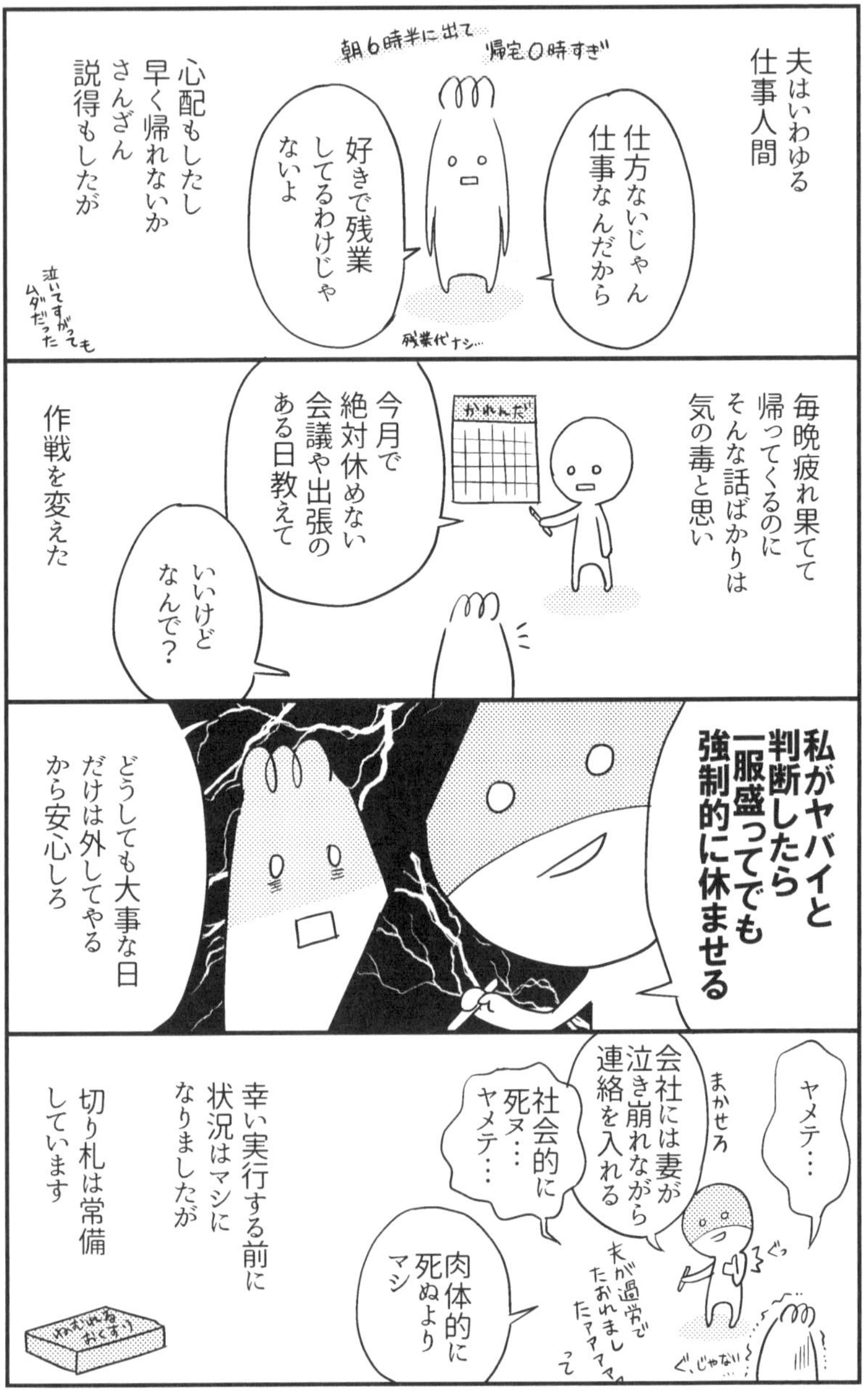

第5章

世界は本当に広いんです

辞めて、どうなるの？

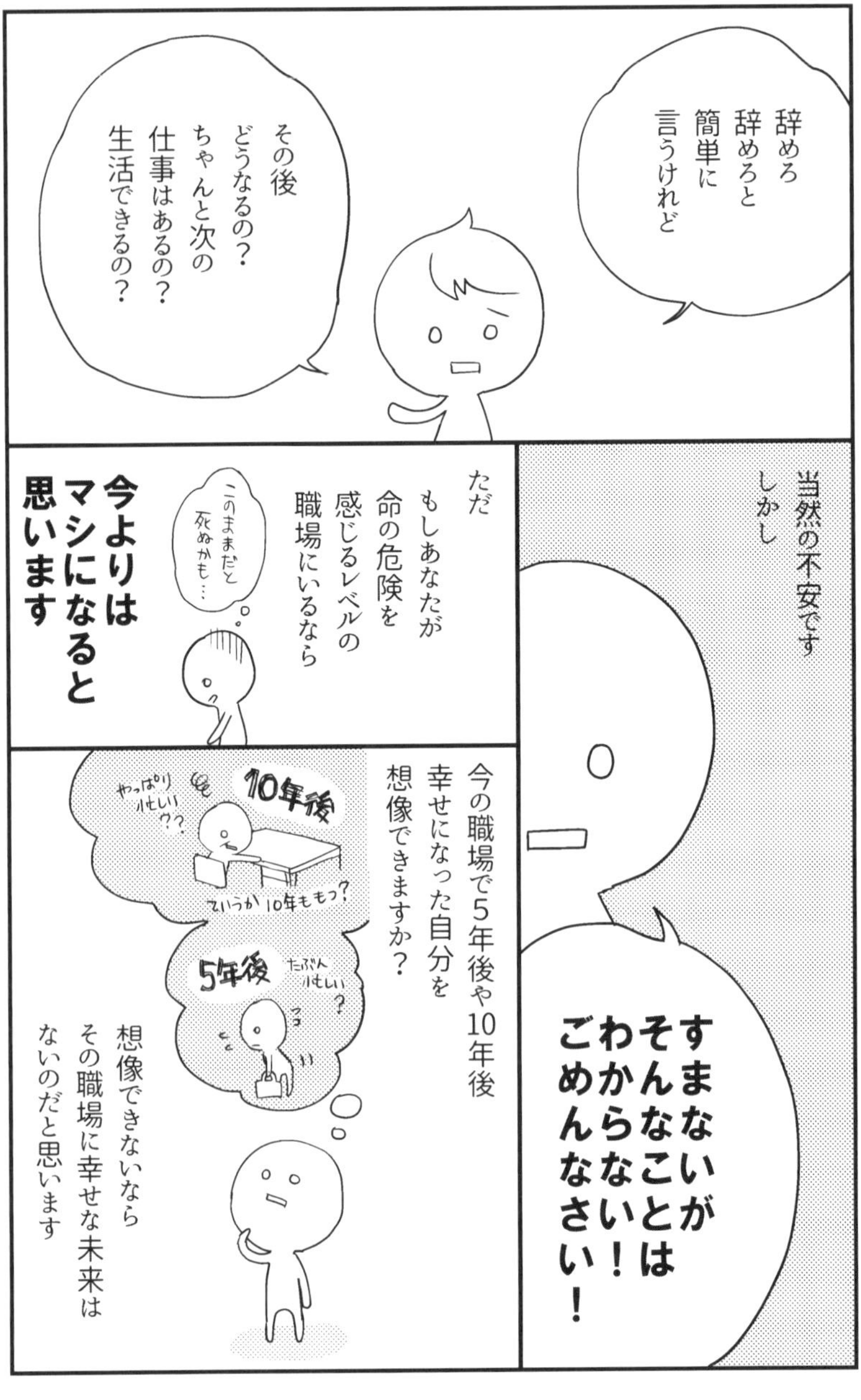
辞めろ
辞めろと
簡単に
言うけれど
その後
どうなるの？
ちゃんと次の
仕事はあるの？
生活できるの？
当然の不安です
しかし
すまないが
そんなことは
わからない！
ごめんなさい！
ただ
もしあなたが
命の危険を
感じるレベルの
職場にいるなら
このままだと
死ぬかも…
今よりは
マシになると
思います
今の職場で5年後や10年後
幸せになった自分を
想像できますか？
10年後
やっぱり
忙しい
？？
ていうか10年ももつ？
5年後
たぶん
忙しい
？
想像できないなら
その職場に幸せな未来は
ないのだと思います

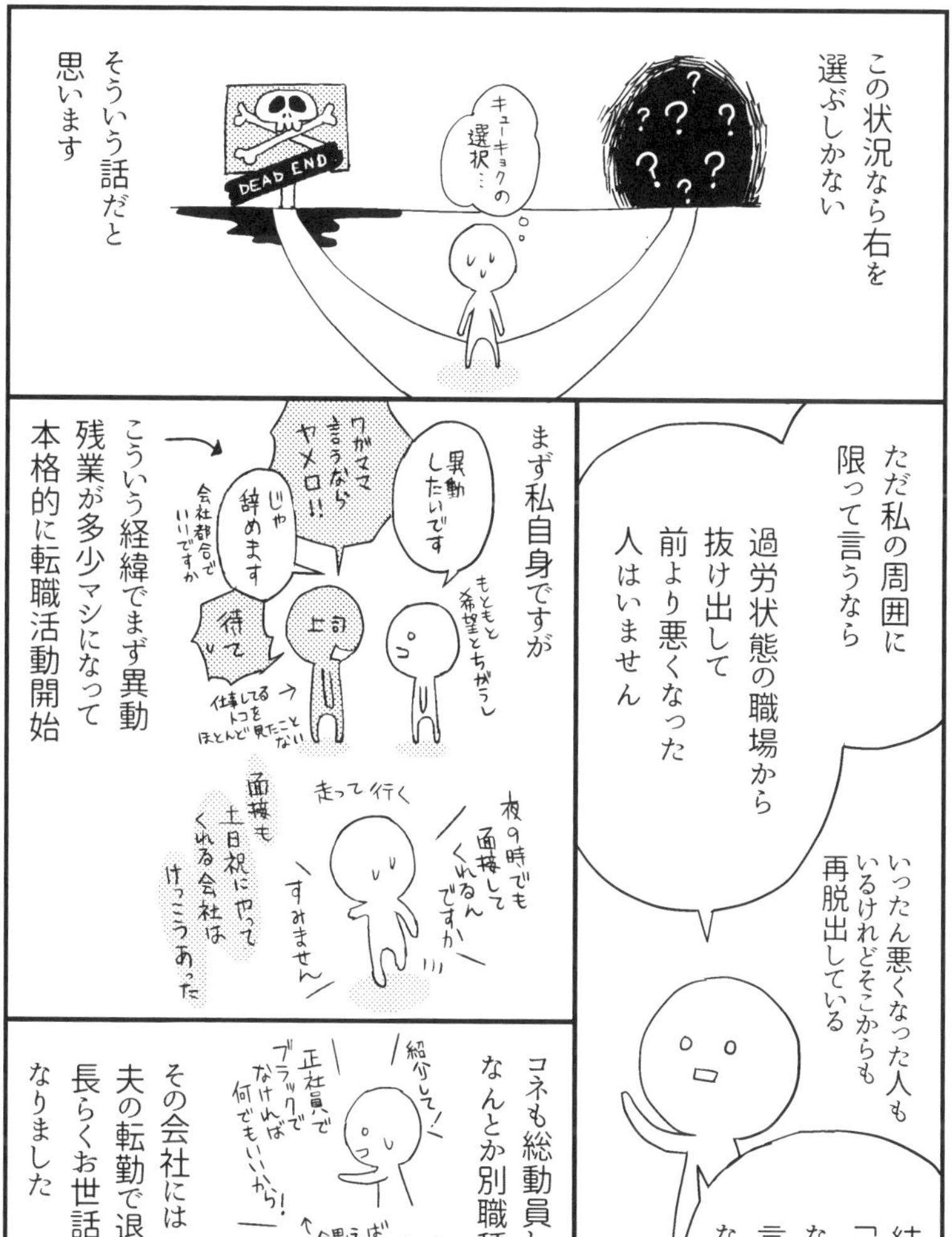
この状況なら右を選ぶしかない
キューキョクの選択…
DEAD END
そういう話だと思います
ただ私の周囲に限って言うなら
過労状態の職場から抜け出して前より悪くなった人はいません
いったん悪くなった人もいるけれどそこからも再脱出している
結果として「辞めるんじゃなかった」という言葉は聞いたことないです
まず私自身ですが
異動したいです
もともと希望とちがうし
ワガママ言うならヤメロ!!
じゃ辞めます
会社都合でいいですか
待て
上司
仕事してるトコをほとんど見たことない
こういう経緯でまず異動
残業が多少マシになって本格的に転職活動開始
夜9時でも面接してくれるんですか
走って行く
すみません
面接も土日祝にやってくれる会社はけっこうあった
コネも総動員してなんとか別職種に転職
紹介して!
正社員でブラックでなければ何でもいいから!
↑今思えばけっこうゼータク言ってた…
その会社には夫の転勤で退職するまで長らくお世話になりました
ブラック出身でよかったこと
ふつうの仕事が超ラク!
こんなんで金もらってええんか…

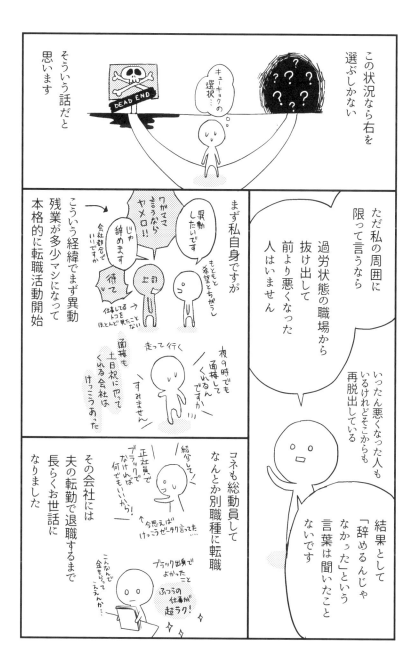

「俺がやらねば誰『か』やる」と言ってくれた優しい先パイ
あの会社は命の危険を感じて退職
今はフリーランスで公私とも充実してます
最終的に200時間近く残業してたそう
仕事はいつも忙しそうだけど同じくらいイベントとか参加してる
元同僚
一時もっとブラックな会社に転職しましたが今は夫婦で独立しうまくいっているようです
すさまじすぎる
友人
パワハラ&セクハラがひどい会社から離脱
採用試験に合格して教師に
結局2年受験勉強した
友人
TV局の制作の仕事から「本気で死ぬ」と離脱
こちらも教師に
やっと採用試験うかった―
勉強した――
友人
24時間拘束が週半分続くというスゴイ会社から離脱
事務に転職
たおれて医者に「このままだと死ぬ」って…
元同僚
もっと良い会社に転職
今は管理職
2児の父
同業なので忙しいのは同じだけど大分マシになった

元同僚
仲間といくつかのビジネスを始めうち一つが成功
べっぴんさんと結婚した
身内
毎晩深夜残業の会社から転職
少し家事育児をできるようになった
辞めたら辞めたでなんとかなる
と思います
会社を辞めるのが不安なのもわかりますが
心身を病むと、死に至るまではいかなかったとしても社会復帰までに時間がかかることもあります
10年単位になることもあります
なかなか働けるようにならない…
そのリスクは転職に失敗するリスクより高いと思います
あ失敗
もっかい挑戦
転職なら
やりなおしできる
A社
B社
C社
だから心身壊す前に今の状況から離れることを考えましょう！

実録!「こうしてブラックな状況を抜け出しました」①

Yさんの場合

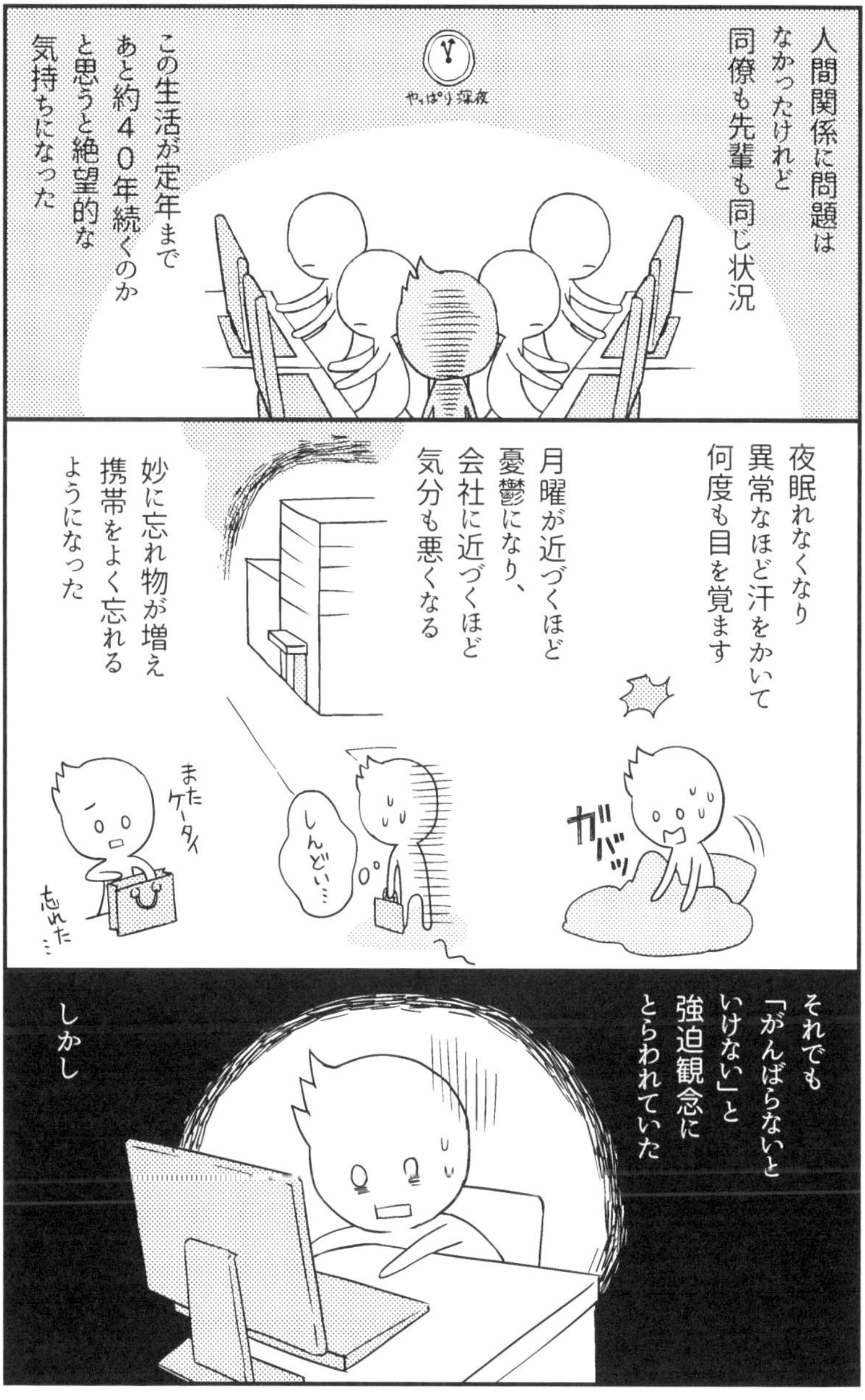
人間関係に問題はなかったけれど
同僚も先輩も同じ状況
やっぱり深夜
この生活が定年まであと約40年続くのかと思うと絶望的な気持ちになった
夜眠れなくなり異常なほど汗をかいて何度も目を覚ます
ガバッ
月曜が近づくほど憂鬱になり、会社に近づくほど気分も悪くなる
しんどい…
妙に忘れ物が増え携帯をよく忘れるようになった
またケータイ
忘れた…
それでも「がんばらないといけない」と強迫観念にとらわれていた
しかし

※転職エージェント…企業と転職したい人をつなぐ仲介業者のこと。
転職相談に無料で乗ってくれて、企業の求人紹介から面接のセッティング、
給与交渉など転職に必要なサポートをしてくれる。

転職理由は正直に話した
今の会社は終電ですら帰れなくて辛いんです
面接官
3年以内に辞めるなんて不利になるかと思ったけど大丈夫だった
転職理由はちゃんと正直に言った方がいいと思います
面接があるときは会社を仮病で休んだ
今日休みます
体調悪いんで
覚悟を決めていたので今さら会社にどう思われてもいいと思った
内定先は完全な別業種で正社員でもなかったがガマンした
とにかく今はあの会社を抜けるのが第一
どんな仕事でもキャリアアップを意識して自分を磨けば大丈夫
ぐっ
内定後、今の会社に法律通りに辞意を告げる
転職きまったんで2週間後に辞めます
が、

引き継ぎ云々で引きとめられた
お前が辞めたらその仕事どうするんや
まわりに迷惑やろ
ちゃんとやってけや
先輩たちとの関係が悪かったわけではないので
そこに付け込まれ退職を半年くらい伸ばされる
助けてくれたのは父親だった
このままだと息子が死んでしまう!
もしもし社長さんですか
直接社長に電話して辞められるようにしてくれた
両親は全力でサポートしてくれていた
親友が近くで勤務していたのも大きかった
自分たちも仕事があるのにどんなに遅い時間でも起きて待っててくれた迎えにも来てくれた
休みには会って息抜きができた
振り返ると、この会社は異様な雰囲気だった
2日徹夜した人を讃えて「あいつは一皮むけた」と武勇伝っぽく語られるそうです
時間内にちゃんと仕事した人の方がすごいのに
ホメるのソコちゃうやろ
テツ夜えらい!
ねてないのえらいぞ!

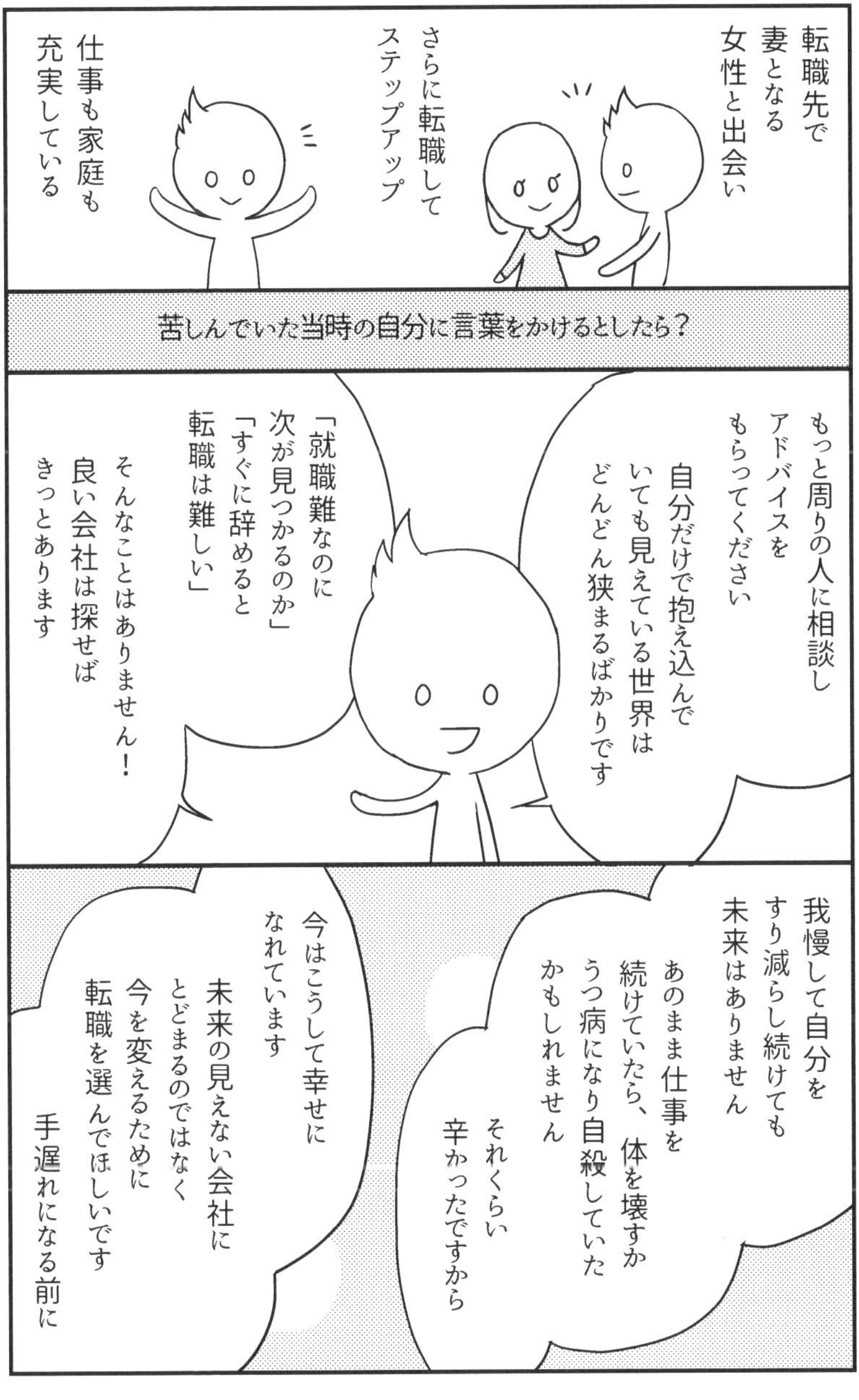
転職先で妻となる女性と出会い
さらに転職してステップアップ
仕事も家庭も充実している
苦しんでいた当時の自分に言葉をかけるとしたら？
もっと周りの人に相談しアドバイスをもらってください
自分だけで抱え込んでいても見えている世界はどんどん狭まるばかりです
「就職難なのに次が見つかるのか」「すぐに辞めると転職は難しい」
そんなことはありません！
良い会社は探せばきっとあります
我慢して自分をすり減らし続けても未来はありません
あのまま仕事を続けていたら、体を壊すかうつ病になり自殺していたかもしれません
それくらい辛かったですから
今はこうして幸せになれています
未来の見えない会社にとどまるのではなく今を変えるために転職を選んでほしいです
手遅れになる前に

実録！「こうしてブラックな状況を抜け出しました」②

Sさんの場合

続いて取材に
応じてくださったのは
Sさん
30代　女性
業種・マスコミ関係
新卒入社した会社で
追い詰められていった
のは28～29歳のころ
月150時間以上の
残業をこなし、0時までに
帰宅できる方が珍しい生活
担当の持ち場には
三人しかいなかった
その中の
トップの人が
いわゆる
「パワハラ上司」
だった
基本的に不機嫌で
常に怒りをたたえた人
罵倒
八つ当たり
思い出し
怒り
もうひとりの人と一緒に
耐えていたけれど
その人は配置換えで
別部署に移り

代わりに来た人は
パワハラを免れた
俺と年次近いから言いにくいんだよなー
そして
その分がSさんに集中した
毎日ネチネチと何かを言われ、
休日はなく家でもひたすら仕事
これ月曜朝まで！
金曜夜
いつかかってくるか知れない電話に怯えながらも片時《かたとき》も電話を手放せない
すぐに書き直せ！
電話に出ないと殺される…！
恐怖のあまりスマホを叩きつけたことも
電源を切ることに気づけず必死でバッテリーを外そうとしていた
言われたとおり寝ずに食べずに仕事して返ってきた言葉は
サボるんじゃねえ！
え…そんな理不尽な
それでもSさんはがんばった
万が一にも不満が伝わったら報復が怖い…
人の悪口は言っちゃいけないし
目上の人には従わないと
その結果

漠然といつも死ぬことを考えるようになった
ドローン…
車つっこんでこないかな
まとわりつく死のイメージ
死
死
死
死
死
死
死
死
強盗が来て刺してくれないかな
今思えば、常に死の淵を歩いていた
幸いだったのはマンションのフェンスが高くて登れなかったこと
とびおり不可
職場の窓がはめ殺しだったこと
やっぱり
とびおり不可
電車通勤ではなかったこと
とびこみなし
階段を使うことさえ危なく
このまま後ろに倒れるだけで…
ついそう考えてしまう
常にエレベーターを使っていた
そのころには涙が突然出てくるようになった
無表情
涙だけが流れる
だー…
心療内科を受診することも考えたけれど
休むために診断書を上司につきつけるってどうなんだろう
そう思っている間に症状がひどくなり「自分はうつなのかも」という考えもなくなっていった

久しぶりに何の仕事もない休日がとれ、家族と過ごせたとき
パワハラでんわ
だーーー
母
…仕事辞めたら？
母
その後も似たようなことがあり
本当に考えて
母
…確かにこのままだと本当に死んでしまう
こんな人生もう嫌だ
体調が限界なので会社を辞めたいです
えっ
ようやく上がいろいろ動いてくれて担当が変わり
自分のペースでゆっくり仕事をしたらいいよ
上
精神的に解放された
すると今度は身体的な症状がひどくなった
疲労専門の病院に行き

そこでうつ病と診断された
えっ
うつとは思ってなかった
すぐに休職してください！
休職が決まったときは「申し訳ない」という気持ちでいっぱいだった
でも
当初はねたきりだった
心配してくれていた先輩方がいたことを知り
Sをアイツからはなさないと
いくらでも休んでいいよ
先輩方のためにもしっかり治して復帰しよう
そう思えるようになった
仕事をしているときは担当の持ち場でたった三人しかいない狭い密室にいるように感じていたけれど
会社って広いな
また、街でエステティシャンに興味ありませんか？
お肌キレイですね～
そういや料理教室で講師に誘われたこともあったっけ
意外といろんな道があるんだな

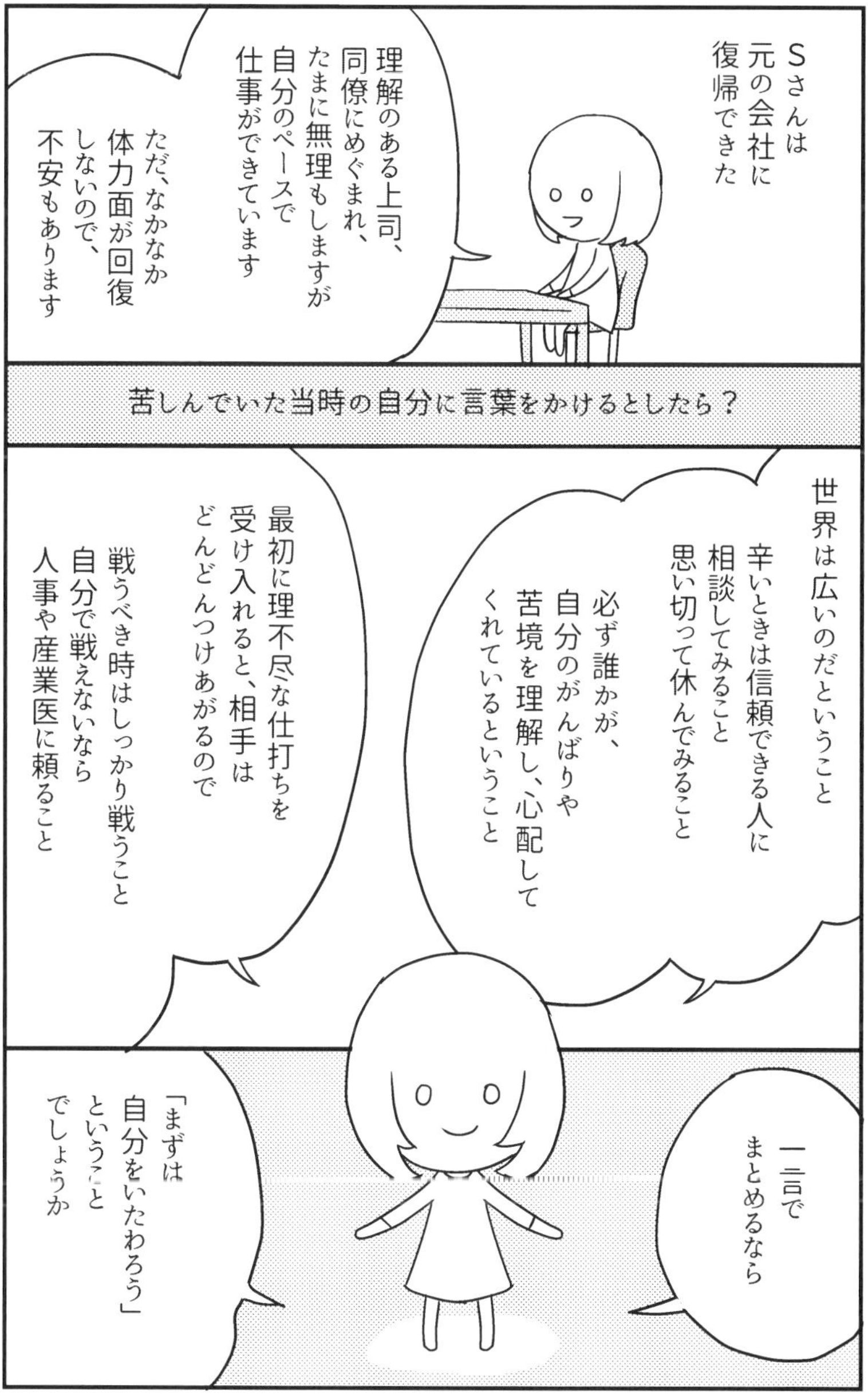
Sさんは元の会社に復帰できた
理解のある上司、同僚にめぐまれ、たまに無理もしますが自分のペースで仕事ができています
ただ、なかなか体力面が回復しないので、不安もあります
苦しんでいた当時の自分に言葉をかけるとしたら？
世界は広いのだということ
辛いときは信頼できる人に相談してみること
思い切って休んでみること
必ず誰かが、自分のがんばりや苦境を理解し、心配してくれているということ
最初に理不尽な仕打ちを受け入れると、相手はどんどんつけあがるので
戦うべき時はしっかり戦うこと
自分で戦えないなら人事や産業医に頼ること
一言でまとめるなら
「まずは自分をいたわろう」ということでしょうか

Q ブラック企業で働いている家族を辞めさせたいのに、言うことを聞いてくれません。どうしたらいいですか？

A

「このままだと取り返しのつかない状態になる！
辞めなさい！」

と言うのは、あまりおすすめできません。

傍《はた》から見ると、どんなに大変な仕事であっても、本人はすごく好きだったり、楽しんでいたりする可能性もあります。

家族は家にいるときの本人の姿しか見ていません。

本人が職場でどんな状況なのか分からないのに、頭ごなしに「辞めなさい」と言ってしまうと「家族は何も理解してくれない」と感じ、家庭という居場所まで奪ってしまう危険性があります。

とはいえ、家族の様子がおかしいのに、完全に放置するのも良くありません。万が一、重度のうつ病になったり、取り返しのつかないようなことになったりしたら、後悔してもしきれませんよね。

こんなとき、家族としてとるべき方法として**一番のオススメは「ただ話を聞いてあげる」ことです。**

人は、どんな状況であったとしても、話を聞いてくれる人がいるだけで安らぎます。

ただ、話を聞こうとして「会社、最近どう？」「学校、どんな感じ!?」などと質問したとしても、明確に答えてくれないときもあるでしょう。

そんなときは、ただ「一緒に食事をする」、家の中で、何もしなくてもいいので、ただ「そばにいる」だけでも構いません。

ただ一緒にいるだけでも十分に相手は安らぎます。

また話の中で、誘導しすぎないように心掛けましょう。

「仕事辞めたら!?」

「ちょっと休んだ方がいいよ」

「心療内科に行きなさい！」
「メンタルクリニックに行ったら!?」

など、詰め寄るような言い方をすると、相手にプレッシャーがかかったり、反発心が湧き上がったりしてコミュニケーションを遮断してしまう可能性もあります。

何か声を掛けるときは、

「お仕事、大変だね……!? 私だったら休んじゃうかも……!?」
「自分なら心療内科に行くレベルの仕事だね……！ 大丈夫……!?」

のように、「自分だったら」というスタンスで、相手の気持ちに寄り添うようにソフトに伝えてみる、ということを心がけて接してみてください。

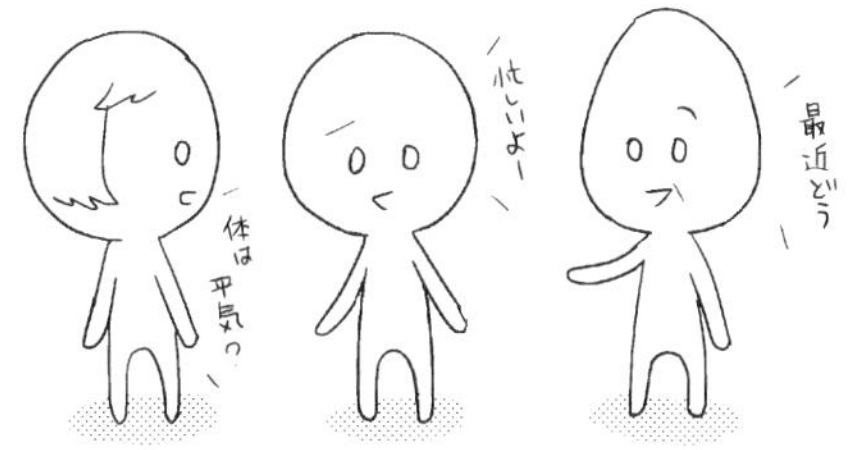

相手はハッとして「あぁ、そういう考えもあったんだ」と気づくはずです。

もちろん、１１８ページの「Yさんの場合」のお父さんのように「このままだと息子が死んでしまう！」というような緊急事態のときは、周囲からの働きかけが必要です。いずれにしても、家族がブラック企業で働いている場合、少しでも本人と一緒にいる時間を作り、本人がどのような状況におかれているのか把握しておくことは重要です。

Q

つらいので会社を辞めたいけれど、家族が理解してくれません。どうしたらいいですか？

A

家族が理解してくれることに、過度な期待をしないようにしましょう。

家族なのだから自分のことをもっと理解してほしい、という気持ちはわかります。ただ、「家族の理解」というものに、期待を持ちすぎてしまうと、期待していることと現実のギャップに心が疲れてしまう可能性があります。

世の中には親や兄弟が自分のことを深く理解し、仕事のことも親身になって相談にのってくれる、そんな家族もいます。

うつや過労でつらいとき、家族が頼れる存在であるなら家族を頼るべきです。家族に迷惑かけても構わないので、自分の心と体のことを優先させましょう。

しかし、過労で追いつめられている状況で会社を辞めたいと親に相談しても、

「仕事は多少辛くても我慢して、頑張るものだ」と言われてしまい、理解してもらえない、そんな家族もまた多く存在します。

そこで重要なのは「人は他人のことをカンペキに理解することなんてできない」と知っておくことです。

あなたはどれくらい家族に理解してもらえると満足ですか。

もし「自分の苦しみについて分かってくれて、適切なフォローやアドバイスをくれること」を求めているのなら、いくら家族とはいえ、それは難しいことです。

反対に、あなたの家族が同じ悩みを抱えていたとして、同じくらい「理解してあげる」ことがあなたにできるでしょうか。

あなたに難しいことを、家族に要求するのは酷です。

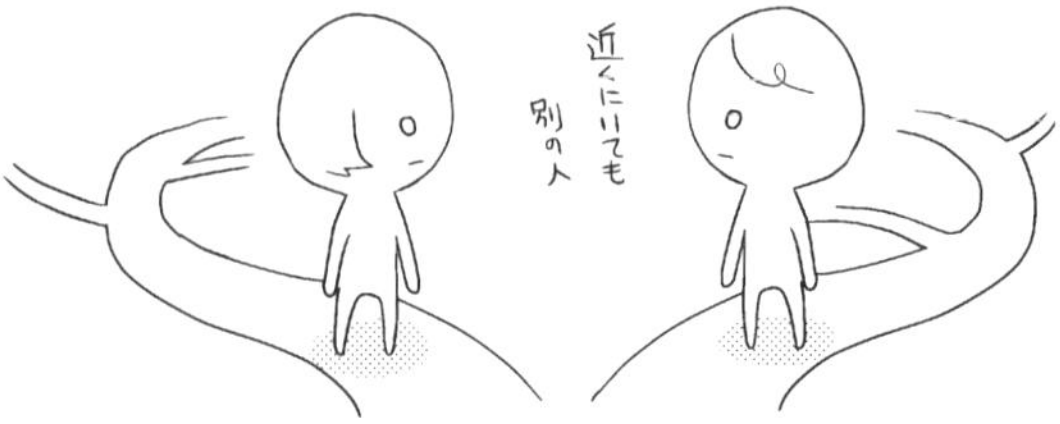

精神科医アドラーが提唱した「アドラー心理学」の中には「課題の分離」という考え方があります。

これは、「自分と他人の課題は分離するべし」という考え方で、簡単に言えば、他人を操ったり、他人を自分の思い通りに動かそうとしたり、他人の人生を自分が抱え込む必要はない、ということです。

家族とはいえ、自分とは違う人間、他人です。そのため、「理解してもらう」ことを重要な条件とするのを、まずはやめることです。

そして「仕事や今の状態の話をしたら聞いてくれる」なら、それで十分と思ってください。

もし「まったく聞いてくれない」なら、家族にも余裕がないのでしょう。

その場合も、「自分は家族に恵まれていない」なんて考える必要はありません。

そう思うと、かえって自分の気持ちを追い込んでしまうことになります。

家族が頼れる場合も、頼れない場合も、ドライな言い方ではありますが、あなたの気持ちを完全に理解できるのは、あなたしかいません。

「自分の気持ちが分からない」こともあるかもしれませんが、**世界で一番あなたのことを理解しているのは、あなた自身です。**

そのことは忘れないようにしましょう。

まずあなたが、「今の自分の精神状態で耐えられるかどうか」を自分で判断し、その結果、メンタルクリニックの受診や、休みなどが必要だと思えば、そう決めてしまいましょう。

そして「こう決めた」という結果を家族に伝えましょう。

ネガティブな反応があったり、期待通りの反応がなかったりするかもしれません。

そんなときは「家族からすると、そうなるのだろう」と思えばいいだけです。

「家族が理解してくれない、自分はダメだ！」なんて、さらに悪く考える必要はありません。

自分の状態が客観的に分からないときは、

「私、今こんな状況だけど、どう思う？」

と家族に聞いてみるのも一つの手です。

そのときも、想像と違う答えが返ってくるかもしれません。だとしても「家族から見た一つの考え方」として、参考にするとよいでしょう。

家族に頼れる場合は家族に頼り、頼れない場合は、過大な期待をかけないようにし、自分で判断することです。

あくまでも「自分の身は自分で守る」のです。

オマケコーナー 海外にいったときのこと

最終章

自分を犠牲にして がんばりすぎちゃう人へ

その鎖の先に

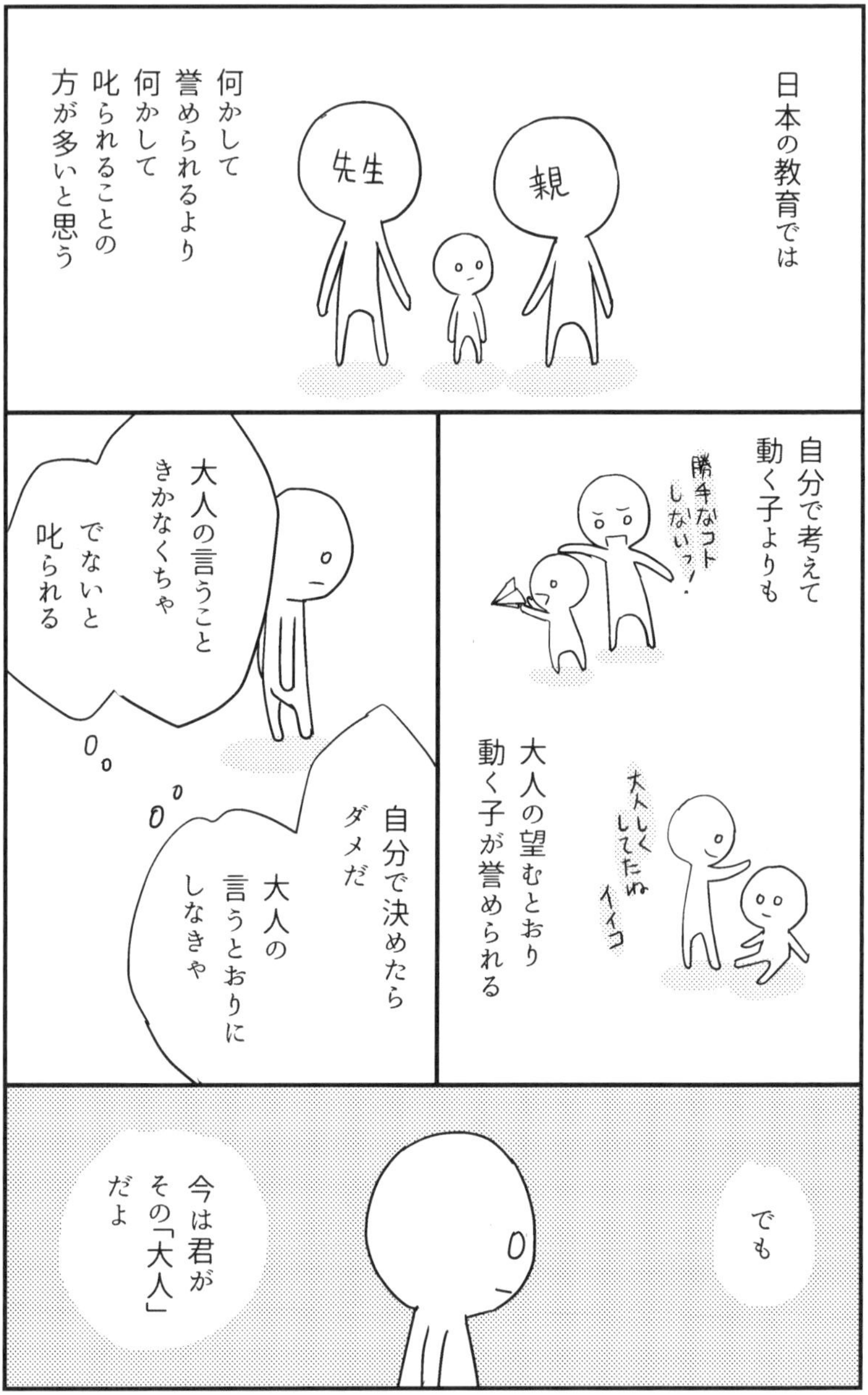
日本の教育では
親
先生
何かして誉められるより何かして叱られることの方が多いと思う
自分で考えて動く子よりも
勝手なコトしないっ!
大人の望むとおり動く子が誉められる
大人しくしてたね イイコ
大人の言うこときかなくちゃ でないと叱られる
自分で決めたらダメだ 大人の言うとおりにしなきゃ
でも
今は君がその「大人」だよ

…でも、言うこときかなくちゃ
誰の？
勝手なコトしたら叱られる
誰に？
…親、とか
成人した子を親は管理できないよ
上司、とか
会社を一歩出れば無関係な人だよね
世間、とか…
君の人生に責任を持ってくれる人がそこにいるの？
どうして大人なのに君は自由じゃないの？
その鎖の先に
本当は誰がいるの？

ブラック企業を辞める！①

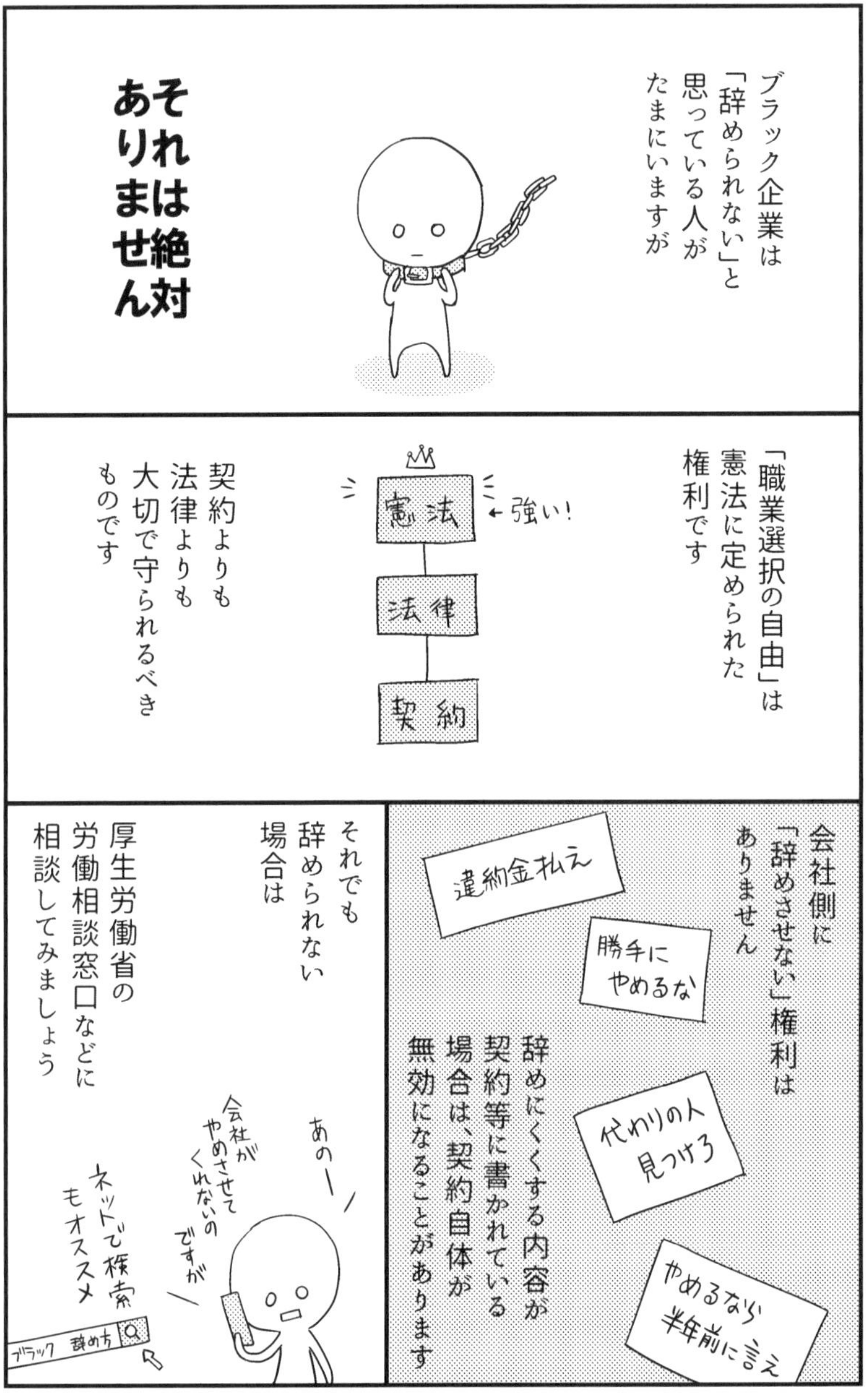
ブラック企業は「辞められない」と思っている人がたまにいますが
それは絶対ありません
「職業選択の自由」は憲法に定められた権利です
憲法
←強い！
法律
契約
契約よりも法律よりも大切で守られるべきものです
会社側に「辞めさせない」権利はありません
違約金払え
勝手にやめるな
辞めにくくする内容が契約等に書かれている場合は、契約自体が無効になることがあります
代わりの人見つけろ
やめるなら半年前に言え
それでも辞められない場合は
厚生労働省の労働相談窓口などに相談してみましょう
あの〜
会社がやめさせてくれないのですが
ネットで検索もオススメ
ブラック 辞め方

会社を辞める際
理想としては
「立つ鳥跡をにごさず」
ですが
上司に相談してー
退職日決めてー
引継ぎしてー
事務手続きしてー
挨拶してー…
カレンダー
退職したいのですが
書類
おせわになりました
それができないからこそのブラック企業…
段取りを守っていると
なかなか
辞められない場合は
あれもこれも引きつぎしろ!!
この仕事が終わるまでやめるな!
「立つ鳥跡をにごしてもいい!」
と開きなおりましょう
跡のことばっか
気にして
立ち去れなかったら
意味がない
「辞める会社がどうなってても知ったこっちゃねえよ」
こんくらいの
気持ちでいこう

ブラック企業を辞める！②

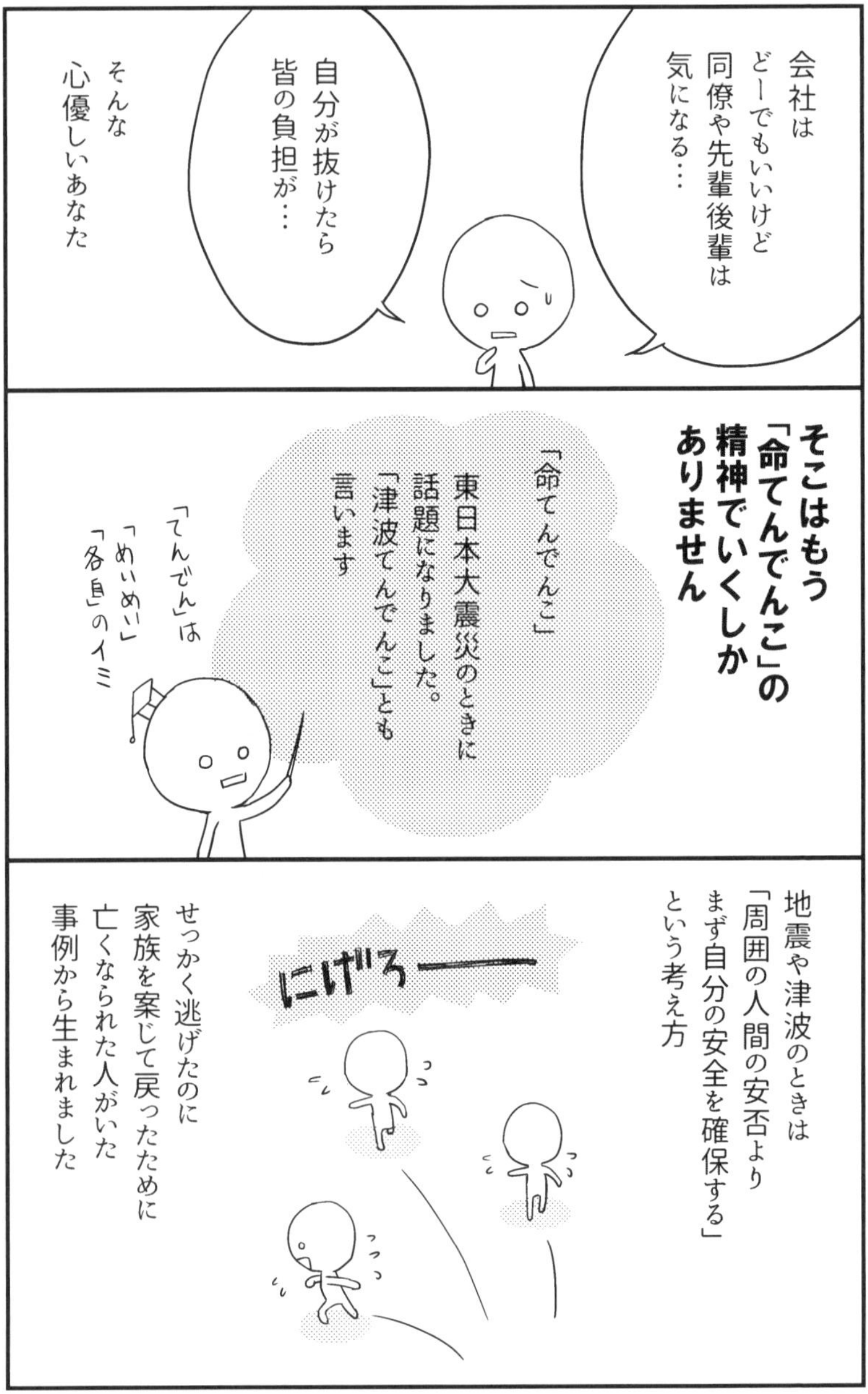

会社は
どーでもいいけど
同僚や先輩後輩は
気になる…
自分が抜けたら
皆の負担が…
そんな
心優しいあなた
そこはもう
「命てんでんこ」の
精神でいくしかありません
「命てんでんこ」
東日本大震災のときに
話題になりました。
「津波てんでんこ」とも
言います
「てんでん」は
「めいめい」
「各自」のイミ
地震や津波のときは
「周囲の人間の安否より
まず自分の安全を確保する」
という考え方
にげろーーー
せっかく逃げたのに
家族を案じて戻ったために
亡くなられた人がいた
事例から生まれました

決して「他人は見捨てろ」ではない
オレは勝手に逃げるからおまえもそうしろ
おう！
各自がまず自分を大切にすることで「結果的に全員生き延びる」ということです
「全員が我慢して結果共倒れ」は避けましょう
普段から退職について伝えておくのもいいかもしれない
たぶん近いうちやめるわ
そうですか私も考えないと…
私の先パイは前職があまりにキツすぎて
あの会社が天国に見えたほどに…
話し合って同僚全員で一気に辞めたそうです
誰か残したらマジでヤバイ
みんなでやめるぞ
なぜ、普通に働くだけで命に関わる大災害レベルの覚悟が必要なのか
とは思いますが
ブラック企業過労死の問題はそんなところ《ヤバイ状況》まできている

あとがきにかえて①

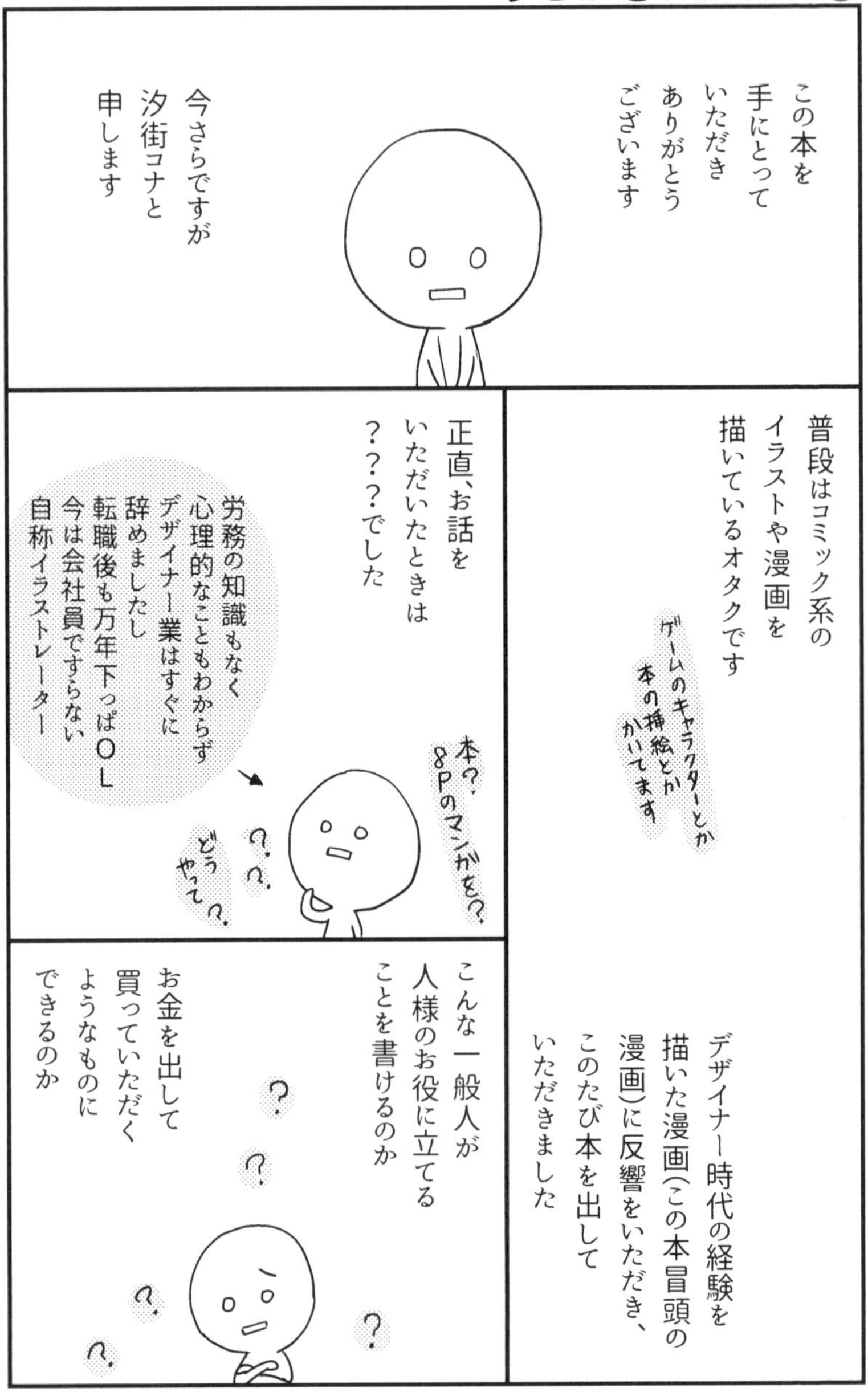

この本を手にとっていただきありがとうございます
今さらですが汐街コナと申します
普段はコミック系のイラストや漫画を描いているオタクです
ゲームのキャラクターとか本の挿絵とかかいてます
デザイナー時代の経験を描いた漫画(この本冒頭の漫画)に反響をいただき、このたび本を出していただきました
正直、お話をいただいたときは？？？でした
本の？
8Pのマンガを？
？？
どうやって？
労務の知識もなく心理的なこともわからずデザイナー業はすぐに辞めましたし転職後も万年下っぱＯＬ今は会社員ですらない自称イラストレーター
こんな一般人が人様のお役に立てることを書けるのか
お金を出して買っていただくようなものにできるのか
？
？
？
？
？

でも
担当編集さんと
お話をしながら
気づいたのは
がんばり
すぎる人のために
逃げても
いいんだよと
人にばかり配慮せず
もっと自分のことを
考えても良いと
伝えてほしいんです
はぁ
なるほど
役に立つのは
私のダメ人間
としてのスキル
がんばらない
無理しない
配慮しない
自己中心的
起きない
立たない
やらない
逃げる
寝る
さぼる
人まかせ
そのへんなら
まかせて
ください
というわけで
「がんばらない人間」
の上級者として
がんばりすぎる皆様に
お伝えできることが
あればと思い
本書を描きました
ペこ
まさか
そんなスキルで
本を出す日が
くるとは

あとがきにかえて②

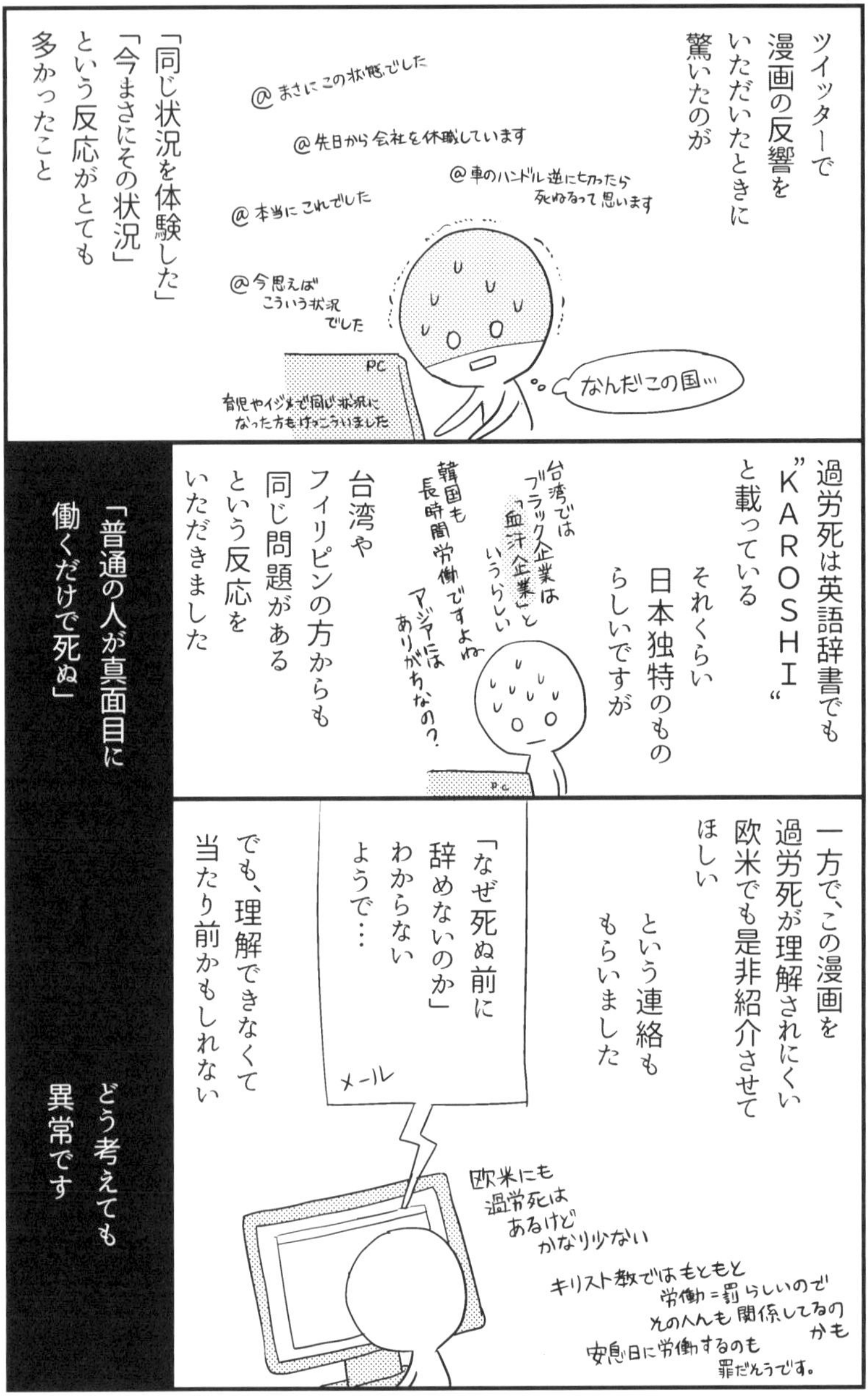
ツイッターで漫画の反響をいただいたときに驚いたのが
@まさにこの状態でした
@先日から会社を休職しています
@車のハンドル逆に切ったら死ねるって思います
@本当にこれでした
@今思えばこういう状況でした
「同じ状況を体験した」「今まさにその状況」という反応がとても多かったこと
PC
育児やイジメで同じ状況になった方もけっこういました
なんだこの国…
過労死は英語辞書でも"KAROSHI"と載っている
それくらい日本独特のものらしいですが
台湾ではブラック企業は「血汗企業」というらしい
韓国も長時間労働ですよね
アジアにはありがちなの？
台湾やフィリピンの方からも同じ問題があるという反応をいただきました
P.C.
一方で、この漫画を過労死が理解されにくい欧米でも是非紹介させてほしい
という連絡ももらいました
「なぜ死ぬ前に辞めないのか」わからないようで…
でも、理解できなくて当たり前かもしれない
メール
欧米にも過労死はあるけどかなり少ない
キリスト教ではもともと労働＝罰らしいのでそのへんも関係してるのかも
安息日に労働するのも罪だそうです。
「普通の人が真面目に働くだけで死ぬ」
どう考えても異常です

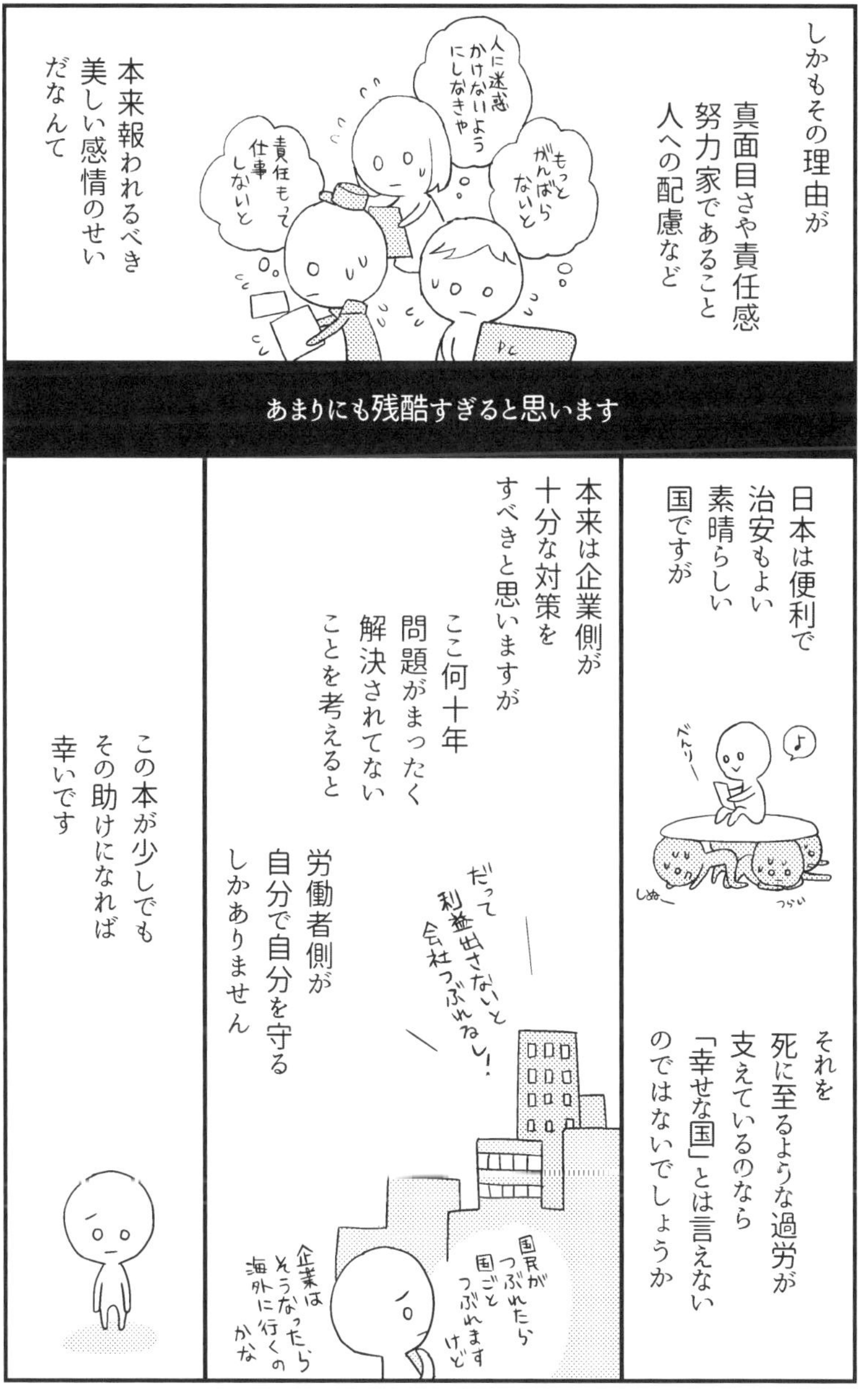
しかもその理由が
真面目さや責任感
努力家であること
人への配慮など
人に迷惑かけないようにしなきゃ
もっとがんばらないと
責任もって仕事しないと
本来報われるべき
美しい感情のせい
だなんて
あまりにも残酷すぎると思います
日本は便利で
治安もよい
素晴らしい
国ですが
べんり
♪
しぬ
つらい
それを
死に至るような過労が
支えているのなら
「幸せな国」とは言えない
のではないでしょうか
本来は企業側が
十分な対策を
すべきと思いますが
ここ何十年
問題がまったく
解決されてない
ことを考えると
労働者側が
自分で自分を守る
しかありません
だって利益出さないと会社つぶれるし!
国民がつぶれたら国ごとつぶれますけど
企業はそうなったら海外に行くのかな
この本が少しでも
その助けになれば
幸いです

あとがきにかえて③

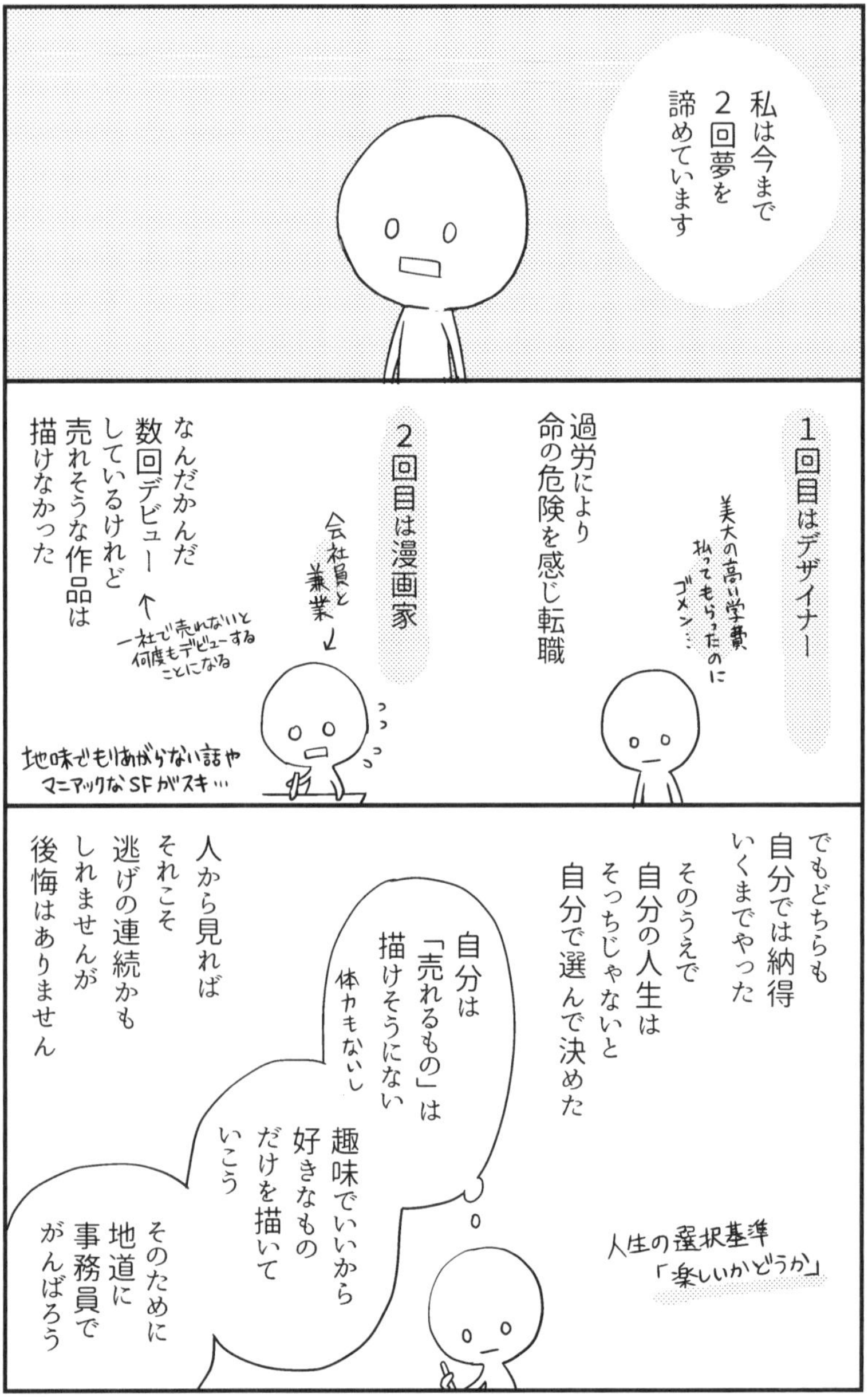

私は今まで
2回夢を
諦めています
1回目はデザイナー
美大の高い学費払ってもらったのにゴメン…
過労により
命の危険を感じ転職
2回目は漫画家
会社員と兼業
なんだかんだ
数回デビュー
しているけれど
売れそうな作品は
描けなかった
一社で売れないと何度もデビューすることになる
地味でもりあがらない話やマニアックなSFがスキ…
でもどちらも
自分では納得
いくまでやった
そのうえで
自分の人生は
そっちじゃないと
自分で選んで決めた
自分は
「売れるもの」は
描けそうにない
体力もないし
趣味でいいから
好きなもの
だけを描いて
いこう
そのために
地道に
事務員で
がんばろう
人から見れば
それこそ
逃げの連続かも
しれませんが
後悔はありません
人生の選択基準
「楽しいかどうか」

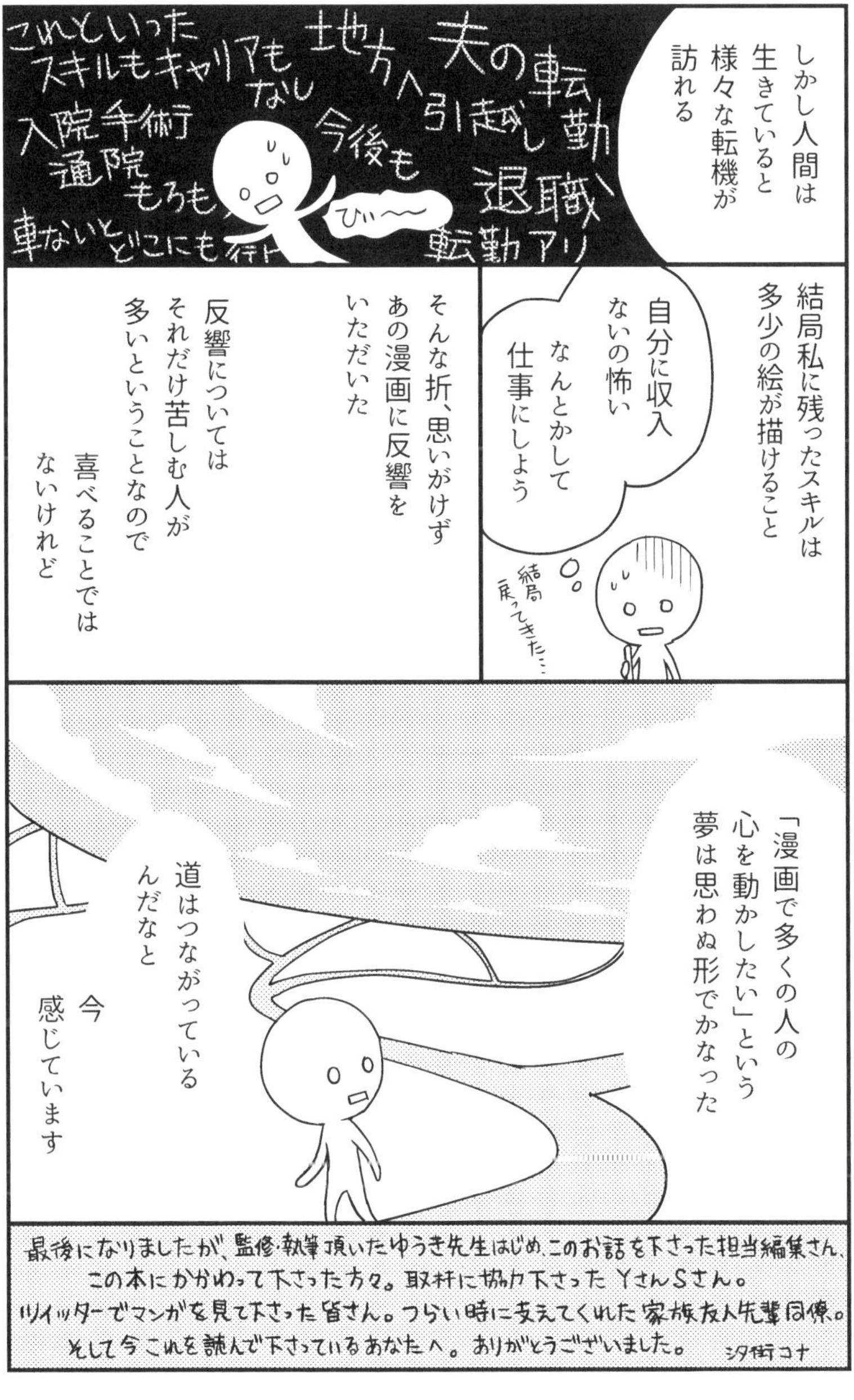
しかし人間は生きていると様々な転機が訪れる
夫の転勤
地方へ引越し
これといったスキルもキャリアもなし
入院手術
通院もろもろ
今後も退職転勤アリ
車ないとどこにも
びぃ〜〜
結局私に残ったスキルは多少の絵が描けること
自分に収入ないの怖い
なんとかして仕事にしよう
結局戻ってきた…
そんな折、思いがけずあの漫画に反響をいただいた
反響についてはそれだけ苦しむ人が多いということなので喜べることではないけれど
「漫画で多くの人の心を動かしたい」という夢は思わぬ形でかなった
道はつながっているんだなと
今感じています
最後になりましたが、監修・執筆頂いたゆうき先生はじめ、このお話を下さった担当編集さん、この本にかかわって下さった方々。取材に協力下さったYさんSさん。
ツイッターでマンガを見て下さった皆さん。つらい時に支えてくれた家族友人先輩同僚。
そして今これを読んで下さっているあなたへ。ありがとうございました。
汐街コナ

解説

精神科医　ゆうきゆう

「すごい！ものすごく分かりやすい！　過労でうつにおちいる人の気持ちをここまで端的にわかりやすく表現されているとは！」

ツイッターで、定期的に配信している「マンガで分かる心療内科」の画像をアップしていたところ、他の方がリツイートされている汐街先生の漫画（本書のプロローグ）を拝見し、衝撃を受けました。

普段、僕はほとんどリツイートしません。100年に1回しかリツイートしません。すみません、それは言い過ぎでした。

何にせよ、普段ほとんどリツイートしない僕がこの漫画はリツイートせずにはいられなかったのです。それぐらい衝撃でした。

そして僕のフォローワーさんからも多くの反響をいただきました。

思うに、僕のフォローワーさんたちも、「マンガで分かる心療内科」の読者さんだけあって、メンタルの話には興味が強いのだと思います。

くわえてここまでわかりやすく表現されていることで、誰もが「あぁ、自分と似ている！」「自分自身もそうだった！」という、多くの共感を生んだのではないでしょうか。


実際にクリニックで診察している患者さんの話を聞くと、

「ふと、自殺という考えが頭をよぎる」

という方がたくさんいます。

行動に移さずとも何度も死を想像してしまうのです。

「死にたい」「死ぬしかない」と考えてしまうのは、うつの入り口にいるといっていいでしょう。クリニックを受診していない人でもこのように考えてしまう人はいます。

そして、このまま放置してしまうとつい実行してしまう危険性もあります。

だからこそ、「マズイかも……？」と思い、早めに受診することが望ましいのです。

また、この漫画は「なぜそう思っても、逃げられないのか?」ということを、当事者の面からイキイキと表現されています。いえ、イキイキというのはちょっと違うかもしれませんが、とにかく明確に表現されています。

そして、それゆえ、多くの方に、

「だからあなたも逃げていいいんだよ」

という勇気を与えているのだと思います。

僕は、今の仕事は楽しいですし、この漫画を制作された汐街先生も、この仕事を楽しく感じられていたのではないでしょうか。

ただ僕も、苦しかった時期はあります。汐街先生も同様だと思います。

みなさんも同じはずです。

人によっては、またタイミングによっては、仕事は重くのしかかる、大変な苦しみになる可能性もあります。

そんな場合は、「仕事というのは絶対的につらいものだ」と考えるのではなく、ちょっと休んだり、別の仕事に変えてみたり、やり方を変えてみたりなどの工夫をしてみてください。追い込まれて、判断力が失われて、「死ぬしかない」となる前に、行動してみてください。

そうすることで、毎日が大きく変わるはずです。

そして、この本を読んでちょっとでも思い当たることがあれば、早めに休んだり、心療内科などにかかったりしてみてください。

あなたが思っているよりずっとラクになるはずです。

最後に、このご縁をくださった、汐街コナ先生、そして担当編集さん、またこの本を読んでくださったすべてのみなさま、本当にありがとうございました。

人間疲れれば疲れるほど、

仕事をやめることができなくなる。

ノイローゼが近づいた徴候の一つは、

自分の仕事はおそろしく重要であって、

休暇をとったりすれば、

ありとあらゆる惨事を招くことになる、

と思いこむことである

『ラッセル幸福論』（B. ラッセル著、安藤貞雄訳、岩波文庫）

監修者

ゆうきゆう

精神科医・作家・マンガ原作者。東京大学医学部医学科卒業。

医師としての診療をしながら、読者数16万人のメールマガジン「セクシー心理学」を発行。

Twitterのフォロワーは約40万人。

また『相手の心を絶対に離さない心理術』（海竜社）などの書籍の他、『マンガで分かる心療内科』『マンガで分かる肉体改造』『モテるマンガ』『おとなの1ページ心理学』（以上、少年画報社）などのマンガ原作も手がけ、総発行部数は400万部を超える。

ゆうメンタルクリニック・ゆうスキンクリニックグループ総院長。

上野院	http://yucl.net/	03-6663-8813
池袋東口院	http://yuik.net/	03-5944-8883
池袋西口院	http://yuk2.net/	03-5944-9995
新宿院	http://yusn.net/	03-3342-6777
渋谷院	http://yusb.net/	03-5459-8885
秋葉原院	http://yakb.net/	03-3863-8882

● Twitter：https://twitter.com/sinrinet

著　者

汐街コナ（しおまち・こな）

広告制作会社のグラフィックデザイナーを経て漫画・イラストの活動を開始。装丁画・挿絵・ゲームキャラクターイラスト等を手がけている。デザイナー時代に過労自殺しかけた経験を描いた漫画が話題になり書籍化。

● http://shiokonako.wixsite.com/illust-home

本書の感想、“心に響いた言葉”をTwitterで
「#死ぬ辞め」
をつけてつぶやいてくれると嬉しいです。
また、
Email：henshubu@asa21.com
でも感想をお待ちしております。
少しでも、過労やうつによって命を落とす人が
減りますように。

※本作品は著者本人の経験と、過労状態やうつ状態から抜け出した人を取材し、精神科医監修のもと、コミックエッセイとしてまとめたものです。描かれている内容はあくまでも個人の経験に基づいた感想であり必ずしも過労状況が改善されたりやうつが治ったりすることを確約したものではありません。

〈漫画制作協力〉有限会社 Imagination Creative
〈校正〉鴎来堂

「死《し》ぬくらいなら会社辞《かいしゃや》めれば」ができない理由《ワケ》 〈検印省略〉

2017年 4 月 11 日 第 1 刷発行
2017年 7 月 28 日 第 13 刷発行

監修者――ゆうき ゆう
著 者――汐街 コナ（しおまち・こな）
発行者――佐藤 和夫

発行所――株式会社あさ出版
〒171-0022 東京都豊島区南池袋 2-9-9 第一池袋ホワイトビル 6F
電 話 03 (3983) 3225 (販売)
03 (3983) 3227 (編集)
F A X 03 (3983) 3226
U R L http://www.asa21.com/
E-mail info@asa21.com
振 替 00160-1-720619

印刷・製本 (株) 光邦
乱丁本・落丁本はお取替え致します。

facebook http://www.facebook.com/asapublishing
twitter http://twitter.com/asapublishing

ISBN978-4-86063-970-9 C0095